八巻寛治

365日の学級づくり

低学年編

やまかんメソッドでつくる
最高の教室

八巻寛治 著

JN021581

明治図書

まえがき

　『八巻寛治　365日の学級づくり』は，著者が民間企業（銀行員）や教諭，社会教育主事として勤務し，学んだり，実践したりしてきた約40年間の取り組みを学級づくりという視点でまとめたものです。

　これまで約40年の間に，カウンセリングの技法やエンカウンター，心ほぐしミニゲームなどを中心に，セミナーや研修会などで年平均30〜40回，計500を超える講座を担当してきました。書籍等では，学級経営，特別活動，人間関係づくりなどを中心に，月刊誌で2000本超，単行本で60冊，分担執筆を含めると100冊を超える書籍にかかわらせていただき，売上は38万部を超えています。

　その経験を生かし，若手からベテランまで使える本として提案できるものをまとめました。手にしていただいた皆様には心から感謝申し上げます。

東日本大震災を契機に

　2011年3月11日，未曾有の被害をもたらした東日本大震災。東日本を襲った地震と巨大津波により尊い命が多く失われました。

　筆者は仙台市に住み，勤務地が海沿いであったこともあり，揺れの影響も大きかったですが，津波の恐怖を今でも忘れられません。

　全国の本当に多くの皆様方からご支援をいただき，まだまだこれからのところもありますが，復旧・復興に向かって前進しています。その御礼に，心のケアに関する研修会等で全国を回らせていただきました。その関係もあって，落ち着くまでは単行本の依頼をお断りすることにしました。

　そして震災から10年目の今年，全国に被災地支援の御礼の研修に

伺うたびに，学級づくりや人間関係づくり，今までにない子どもの姿（実態）や親の意識のずれ，同僚との人間関係など，学校・学級における多岐にわたる課題に対応できる本の必要性を感じ，この本を発刊することにしました。

ガイダンスとカウンセリングをベースにしたやまかんメソッド

　本書では，筆者が特に重要と考える８つのメソッドを月ごとに４項目，48事例を紹介しています。

　①児童理解の方法（見取り方）

　②ルールづくり　③リレーションづくり

　④適切なトラブル解決・課題解決（集団の課題）

　⑤適切なトラブル解決・課題解決（個別の課題）

　⑥カウンセリングスキルの活用　⑦ユニバーサルデザイン

　⑧保護者対応

　低学年・中学年・高学年の３冊に分けているのは，それぞれの発達課題や特徴的な傾向の違いに合わせたいと思ったからです。

　低学年は，１年生の小１プロブレム，２年生の中間反抗期。

　中学年は，９歳・10歳の壁，小４ビハインド。

　高学年は，思春期対応，過剰適応やピアプレッシャーなど高学年男女の指導・援助。

　１，２章で最近の子どもたちの理解の仕方や課題対応例を，３章では月ごとの指導事例を紹介しています。学年ごとですが，内容によっては他の学年でも活用できるものもあります。全国の学校で，教師も子どもも笑顔いっぱいになることを願っています。

　2020年１月

八巻　寛治

Contents

まえがき　3

序章　今どきの子どもと保護者の現状と課題

小１プロブレム・中間反抗期への対応 ……………………………… 10

1章　最高の教室をつくる学級づくりに向けて

ガイダンスとカウンセリングは課題解決のための指導・援助の両輪 …… 16

低学年の子どもが抱える現状と課題 ……………………………… 20

低学年の子どもの実態 ……………………………………………… 22

低学年の学級づくりの留意点 ……………………………………… 26

低学年の学級づくりのポイント …………………………………… 31

１年間の見通し ……………………………………………………… 35

スタートカリキュラムの例 ………………………………………… 46

アプローチカリキュラムの例 ……………………………………… 48

2章　最高の教室をつくる8つのやまかんメソッド

1 児童理解の方法（見取り方）　→52

2 ルールづくり　→56

3 リレーションづくり　→60

4 適切なトラブル解決・課題解決（集団の課題）　→64

5 適切なトラブル解決・課題解決（個別の課題）　→68

6 カウンセリングスキルの活用　→72

7 ユニバーサルデザイン　→76

8 保護者対応　→80

³章 やまかんメソッドを生かした 365 日の学級経営

1学期の学級経営

4月
- 児童理解 "3つの目" と "3つのみる" で児童理解 ……… 86
- ルールづくり あいさつゲームでルールを覚えよう ……… 88
- リレーションづくり 出会いの自己紹介エクササイズ ……… 90
- カウンセリング 「しゃべらないでなかまあつめ」ゲーム ……… 92

5月
- リレーションづくり ルールとリレーションの状態を確認しよう ……… 94
- トラブル解決（集団） エンプティチェアで相手の気持ちに気付く ……… 96
- トラブル解決（個別） カウンセリングを意識した叱り方 ……… 98
- カウンセリング 言い換えや明確化であいさつレベルアップ ……… 100

6月
- 児童理解 児童理解のおすすめ「聴く」 ……… 102
- ルールづくり ルールを尊重して「ききかたはかせ」になろう ……… 104
- トラブル解決（集団） 仲直りしたいときのロールプレイ ……… 106
- 保護者対応 知って得する個別相談の仕方 ……… 108

7月
- 児童理解 いじめ指導で児童理解 ……… 110
- ユニバーサルデザイン いじめ予防にサイコエデュケーションを活用しよう ……… 112
- カウンセリング 自分もよく相手もよい気持ちの伝え方 ……… 114
- 保護者対応 エンカウンターで信頼関係を築く懇談会 ……… 116

2学期の学級経営

8月

トラブル解決（個別） 夏休みミニ研修会①子ども同士のけんかへの対応 ……118

カウンセリング 夏休みミニ研修会②ロールプレイの基本技法 ……120

ユニバーサルデザイン 学びにくい子への合理的配慮のアイディア ……122

保護者対応 夏休みミニ研修会③個別面談レベルアップ ……124

9月

児童理解 「ひと夏の経験 202 〇」を通しての児童理解 ……126

ルールづくり ルールを知って「つたえかためいじん」になろう ……128

リレーションづくり 「ウォンテッド＝この人をさがせ」ゲーム ……130

ユニバーサルデザイン 対人関係における困難さへの援助 ……132

10月

ルールづくり 「これはいじめでしょうか」認識のずれからいじめを知る ……134

トラブル解決（集団） 不快な気持ちの適切な伝え方を学ぼう ……136

カウンセリング ミラー法で「なかよしミラー」ゲーム ……138

保護者対応 保護者から理解を得るような連絡の手順 ……140

11月

児童理解 中間反抗期を意識した多面的な児童理解 ……142

リレーションづくり よさに気付く「よいところメッセージ」 ……144

トラブル解決（集団） いじめを生まない「仲間はずれ」ロールプレイ ……146

トラブル解決（個別） 「感情を伴った振り返り」で感情のコントロール ……148

12月

ルールづくり 「規範」と「規範意識」のおさえ ……150

トラブル解決（個別） 課題解決「一対一のけんか」ゲーム ……152

ユニバーサルデザイン 「みんなでしんぱいごとをなくそう」ロールプレイ ……154

保護者対応 懇談会でのおすすめエクササイズ ……156

3学期の学級経営

1月

- 児童理解 気を付けたいハロー効果とラベリング効果 ·················· 158
- ルールづくり 小・中グループでのルールづくりアラカルト ·················· 160
- リレーションづくり ちょっとかしこい「たのみかためいじん」になろう ······· 162
- ユニバーサルデザイン 様々な場での配慮・援助 ·················· 164

2月

- トラブル解決（集団）「協力」の仕方を学ぶ掃除当番 ·················· 166
- トラブル解決（個別）「嫌な気持ちの伝え方」ゲーム ·················· 168
- ユニバーサルデザイン「心のメモリで伝えよう」エクササイズ ·················· 170
- 保護者対応 苦戦する子についての相談に答えるために知っておくこと ·······172

3月

- リレーションづくり「さようならのはなたば」ゲーム ·················· 174
- トラブル解決（個別）Ｉメッセージで不快の気持ちをはっきり伝えよう ······· 176
- トラブル解決（個別）「いろいろな悩み」解決ロールプレイ ·················· 178
- カウンセリング「わたしは○○です」文章完成法で自己開示 ·················· 180

参考・引用文献一覧　182
あとがき　184

序章

今どきの
子どもと保護者の
現状と課題

それぞれの実態に応じた理解と対応
小1プロブレム・中間反抗期への対応

✓ 今どきの子どもと保護者の実態を把握した上で学級づくりをすることが大切
✓ 子どもの育ちの姿で対応を考えよう

今どきの子どもと保護者の現状と課題

　筆者は約40年にわたり教師の経験をしてきました。その時代に応じて，子どもと保護者の実態と課題を意識して教育実践に当たってきました。

　令和になった今，子どもたちの様子で気になることがいくつかあります。特に，幼児と中学生によく見られる2つの反抗期（第一次・第二次）だけでは説明がつかないことが度々見られるようになってきたことです。

　幼児から小学生，中学生，高校生など，発達上の課題を確認すると，小1プロブレムや中1ギャップ等のほかにも2年生の頃の「中間反抗期」，3・4年生頃に起こる「9歳の壁・10歳の壁」，高学年の「思春期」，「中2の悲哀・スクールカースト」などが浮き彫りになってきています。

　筆者は校内研修や授業サポート等で全国の学校に伺う機会がありますが，5年前ぐらいから小学2・3・4年生の学級で落ち着かない状況が増えていると感じています。

　右図「親と子の力関係の変化」では，親の力が実線，子どもの力が点線だとすると，子どもが徐々に力をつけてくると同時に親は子どもに対してかかわる力を減らします。思春期の頃に力関係が逆転し，子どもが自立していくというものです。

　一方，思春期の頃に，我が子にしっかり向き合わなかったり，力を抜いたりしてしまい，クロスした点から平行線になることがあります。一見仲良し

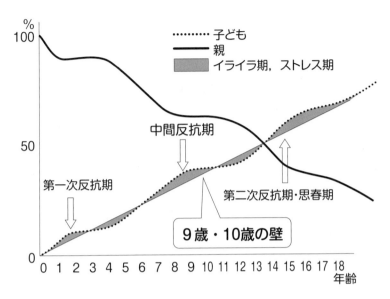

中間反抗期説明図—親と子の力関係の変化—

親子にも見えますが，子どもが自立できないというゆがんだ親子関係になりやすくなります（田村節子『親と子が幸せになる「XとYの法則」』ほんの森出版）。

そのことを前提に，子どもの発達課題を次項に紹介します。

今どきの子どもたちの発達と「友達付き合い」に見る人間関係の特徴

低学年の課題と対応・対策

▨ 1年生……小1プロブレム　→あたたかい雰囲気と規律ある雰囲気のバランスが大切

〔学級づくりキーワード〕生活ルールづくり，心ほぐしミニゲーム，保護者との信頼関係，ソーシャルスキル，スタートカリキュラム

▨ 2年生……中間反抗期　→学校生活のあらゆる場面を生かして，子どもの居場所や活躍できる場を醸成

〔学級づくりキーワード〕リレーションの促進，シナリオロールプレイ，アサーションスキル，カウンセリング技法，心理面の理解，不安や不満の解消

低学年では家が近所の子や同じ保育園など，ある程度の関係ができたかかわり合いの友達。

一部，キャラクターの趣向やゲームなどでかかわる関係も見られるようになる。

幼児期は「浅く広い付き合い」の言葉に象徴されるように，保育園や幼稚園，認定こども園などに通園しているクラス全員が「おともだち」として付き合う。

浅く広い関係。男女関係なくみんなで交流できる。

高校生は，さらに友達関係が複雑になり，趣味や趣向，価値観が似ている友達との付き合いになる。付き合いにくい相手をうまく避けるようになり，自分の心を許せる相手を求めようとする。

高学年では，さらに気の合う友達と付き合うようになり，特定の子が集まるグループができやすくなる。いわゆる「深く狭い付き合い」になる。

中学生では，さらに「深く狭い付き合い」が顕著になり，心理的距離が近い特定の親友に発展する。特定の友達と付き合う。

部活動や習い事など，教室外でのかかわりも増える。

友達とそうでない子の区別がはっきりしてくる。

中学年では，付き合う相手を自分で選ぶようになる。

相手との意識のずれが生じはじめると，バランスが崩れ，トラブルが起こりやすくなったり，孤立感を感じたりすることもある。

1章

最高の教室
をつくる
学級づくりに向けて

小1プロブレム・中間反抗期への対応

✓ 低学年の課題への対応には育てるカウンセリング的なかかわり方で
✓ あたたかな雰囲気のかかわり方を工夫しよう

ガイダンスとカウンセリングは課題解決のための指導・援助の両輪

いよいよ新年度のスタートです。子どもたちは，初めての出会い，クラス替えにワクワクドキドキしていることでしょう。子どもたちがそれまでの経験をふまえて，それを生かしながらよりよい学級づくりができるよう，意図的・計画的に新学期をスタートさせましょう。

新学習指導要領の目玉の一つとして，学級活動で実施されるガイダンス機能（キャリア教育）の充実について確認したいと思います。

ガイダンスとカウンセリング

新学習指導要領の総則や特別活動編には，「ガイダンスとカウンセリングの趣旨を踏まえた指導を図る」ことが示されています。

「ガイダンス」とは，学校生活への適応や人間関係の形成などについて，主に集団の場面で必要な指導や援助を行うことです。低学年では，自主的にめあてを設定したり，達成感を自ら感じたりすることは容易ではありません。ですから，意図的に計画された，発達課題に応じた指導・援助を実施することと，実態に応じた支援や配慮のある援助が必要です。

一方，個々の子どもの多様な実態を踏まえ，一人一人が抱える課題に個別に対応した指導を行うのが「カウンセリング」（教育相談を含む）です。そ

の双方の趣旨を踏まえて指導を行うことが大事とされています。

　特に低学年では，入学当初において，個々の子どもが学校生活に適応するための「スタートカリキュラム」を充実させることに加え，希望や目標をもって生活を送ることができるようになること，さらに2年生に見られる「中間反抗期」の課題に，どのように対応・対処していくかということが大切であると思います。

低学年におけるアプローチ

　ガイダンスとカウンセリングは，子ども一人一人の学校生活への適応や人間関係の形成，進路の選択などを実現するために行われる教育活動です。子どもの行動や意識の変容，一人一人の発達を促す働きかけとしてとらえることが大切になります。

　低学年では，学級・学校生活への適応やよりよい人間関係の形成などに関し，教師が子どもや学級の実態に応じて計画的，組織的に行う情報提供や案内，説明及びそれらに基づいて行われる学習や活動などを通して，課題等の解決・解消を図ることができるようになることが大切です。

　端的に言えば，ガイダンスとカウンセリングは，課題解決のための指導・援助の両輪です。教師には，双方の趣旨を踏まえて指導を行うことが求められます。いずれも子どもの発達の支援のためのものですので，相互に関連して計画的に行うことに意義があると言えます。

2章（p.52〜）では「最高の教室をつくる8つのやまかんメソッド」として，低学年の学級づくりに活用できる次の8つのメソッドの基本形を紹介します。

やまかんメソッド **1**　　児童理解の方法（見取り方）

やまかんメソッド **2**　　ルールづくり

やまかんメソッド **3**　　リレーションづくり

やまかんメソッド **4**　　適切なトラブル解決・課題解決（集団の課題）

やまかんメソッド **5**　　適切なトラブル解決・課題解決（個別の課題）

やまかんメソッド **6**　　カウンセリングスキルの活用

やまかんメソッド **7**　　ユニバーサルデザイン

やまかんメソッド **8**　　保護者対応

大まかな内容は次の通りです。

1　児童理解の方法（見取り方）

　児童理解のための観察技法とその工夫，心理検査やアンケートを使った客観的な理解の仕方など，具体的で客観的な児童理解の方法やポイントを示します。

2　ルールづくり

　子どもが実感できる「われわれ意識を育む」ための生活ルールづくりのポイントや具体的な活用法などを紹介します。活用できるソーシャルスキル・トレーニングも紹介します。

3　リレーションづくり

　リレーションづくりのポイントと，特に有効性が確認されている構成的グループエンカウンターや心ほぐしミニゲームなどの手軽に取り組める手法を紹介します。

4 適切なトラブル解決・課題解決（集団の課題）

　低学年で起こりやすい人間関係でのトラブルや日常の生活において学級内で起こる様々なトラブルを，納得のいく解決方法を使って解決した例を具体的に紹介します。

5 適切なトラブル解決・課題解決（個別の課題）

　入門期の課題・中間反抗期など低学年で起きやすいトラブルや課題に対しての，リフレーミングや問題解決志向アプローチを使った事例を紹介します。

6 カウンセリングスキルの活用

　カウンセリングの技法を使って，子どもや同僚，保護者と適切にかかわるためのカウンセリングの基本を紹介します。活用できるソーシャルスキル・トレーニングも紹介します。

7 ユニバーサルデザイン

　合理的配慮とユニバーサルデザインの考え方に基づいた物理的・教育的環境整備が必要とされています。学級づくりにおけるユニバーサルデザインについて事例を紹介します。

8 保護者対応

　信頼されるための保護者との関係のつくり方や，電話，面談，家庭訪問など保護者とかかわる際のポイントを紹介します。

低学年の子どもが抱える現状と課題

　一般的に１・２年生の子どもたちは，幼児期の特徴を残しながらも，「大人が『いけない』と言うことは，してはならない」といったように，大人の言うことを守る中で，善悪についての理解と判断ができるようになります。言語能力や認識力も高まり，自然等への関心が高まる時期でもあります。

　また，この時期に限らず，家庭における子どものしつけにかかわる課題として，地域における地縁的つながりの希薄化，価値基準の流動化等により，保護者が自信をもって子育てに取り組めなくなっている状況もあります。

　「自己中心的」と呼ばれ，自分で様々な活動にチャレンジしようとするやる気にあふれていたり，友達関係をつくったりするこの時期は，指導しやすいということで，教師の担任希望調査ではいつも人気が高い学年でした。ところが，ここ数年全国の学校に訪問させていただくと，１・２年生の学級が落ち着かなかったり，中には荒れた学級と思われる教室も増えています。

　その理由はいくつか考えられますが，次の３点に注目したいと思います。

---

　1 教師の世代交代が加速し，若手教師が増えた（経験の不足による課題）
　2 子どもの実態をうまくつかめない
　3 子どもの実態の変化・変容に対応しきれない

---

1 教師の世代交代が加速し，若手教師が増えた

　これは経験の不足によって，授業の展開の仕方や，心理的距離の適切なとり方が難しいことなどが原因と考えられます。

　一年間の指導や援助の目安をもち，できるだけポイントをおさえた学級づくりをしていくことで解決・解消できます。

2 子どもの実態をうまくつかめない

若手の教師が陥りやすいのですが，子どもの発達段階や発達課題を把握できないのに，自分の考えで対応しようとするため，気持ちが通じにくくなることから起こると思われます。「低学年の子どもが抱える現状と課題」を把握することで解決できます。

3 子どもの実態の変化・変容に対応しきれない

これは若手もベテランも共に苦戦することです。ルールとリレーションの関係で見ていくと，男性教師はルール重視の傾向を示し，女性教師はリレーション重視の傾向があるようです。下図のように教師のリーダーシップをタテの関係（指導：教えること）とヨコの関係（援助：育てること）ととらえ，メンバーが自分で問題解決するのを援助するのがポイントです。

低学年では指導を優位にしながらも，援助的なかかわりも加味して，統合的な指導力を高めることを目指しましょう。指導性が強いか，援助性が強いかという教師自身の対応の目安がもちやすくなります。

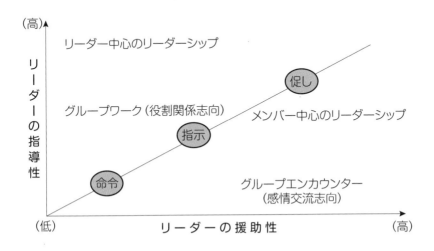

低学年の子どもの実態

1年生の特徴「小1プロブレム」

　小学校低学年の時期においては，前述したように，家庭における子育て不安の問題や，子ども同士の交流活動や自然体験の減少などから，子どもが社会性を十分身に付けることができないまま小学校に入学することにより，精神的にも不安定さをもち，周りの子どもとの人間関係をうまく構築できず集団生活になじめない，いわゆる「小1プロブレム」という形で，問題が顕在化することが多くなっているといわれています。

　1年生は，幼稚園・保育園（保育所）・こども園時代の特徴を残したままの様子が見られ，いわば幼児的な成長が多く見られます。しかし，手足をはじめとして，急速に子どもらしさが増し，活発な活動期に移行します。

　一般的には，基本的な「しつけ」はできるようになっていますが，いろいろな環境の条件に違いのある子どもたちもいて，できる内容や習熟の程度には個人差が見られます。

　1年生のこの時期の子どもは，「なぜなぜ時代」といわれるほど，親や教師に毎日，質問をし続けるという特徴があります。そのしつこさに，ついイライラしてしまったり，いい加減な返答をしたりすると，子どもは意欲を失ったり，興味をなくしたりすることもあるので，対応には配慮したいものです。

　また，この時期は「まねっこ時代」ともいわれ，大人や周囲の年長者のしぐさや行動を意識的だったり，無意識だったりの違いはありますが，まねすることで次第に大人の社会生活を身に付けるようになります。

　さらに，自立しようとする強い傾向がある反面，甘えたりして愛情を求めようとするのもこの時期です。告げ口が多いのも1年生の特徴で，告げ口は自己中心的思考の表れの一つです。子どもの側からすると，教師に自分の存在を認めてもらいたいという心理のようです。

社会性については，一般的に基本的な生活習慣は身に付いていますが，自己中心的な言動が多く見られ，強い自立への願望があるにもかかわらず，何事にもよらず助けが必要というアンバランスな面もあります。たとえ失敗してもある程度のことは任せる姿勢で臨み，自立を意識するなど，結果よりもやろうとする意欲を優先するかかわり方をしてあげたいものです。

　規範意識については，尊敬できる身近な大人である教師や親に依存し，教師や親がよいとすることをよいと判断し，よくないと言っていることはよくないと判断する傾向があります。

　小1プロブレムに対応する手立てとしては，小学校での「スタートカリキュラム」と幼稚園・保育園（保育所）・こども園での「アプローチカリキュラム」が有効で，全国で実施されはじめています。

2年生の特徴「中間反抗期」

　2年生の特徴としては，1年生で過ごした経験から，学校生活に慣れ，学校生活を楽しめるようになります。まだ多少自己中心的な面は残りますが，友達のよさや性格の違いがわかったり，その違いを理解できるようになったりします。友達と過ごす時間が増え行動範囲も広がります。

　また，親への反発と甘えを併せもち，言うことを聞かず反抗したかと思うと，急に甘えて抱きついたりするアンバランスさも見られます。

　運動能力が増し，安定した成長期に入りますが，同時に，自我の発達も著しく，せっかく身に付いた生活習慣が突然逆戻りしたりすることもあります。心身の安定の意味でも，自分の限度やある程度の限界を実感させたいものです。

　感情面では，少しの抵抗やストレスには耐えることができる強さも身に付いてきます。情緒は1年生のときより安定し，興味・関心は外に向かって強まります。「なぜなぜ時代」はさらに強くなり，周りの大人には迷惑になるほど「なぜ」を連発するようになります。

「まねっこ時代」は次第に薄れ，友達の存在が気にかかるようになります。感性は非常に豊かになり，感情，情緒に幅が出はじめます。大人の話に口を挟むなどのちょっとませた感じも出てきます。

前述の通り，言動は自分中心な面が多いですが，次第に他の人たちとの関係に視野が広がりはじめ，規範や価値の基準は，教師や親だけでなく周囲の大人へと徐々に広がりが見られるようになります。

個人差はありますが，次第に善悪の判断基準をその行為そのものに求めるような道徳的な発言も出てくるので，客観的に自分を見つめることができる子も出はじめます。

中間反抗期とは

11ページで紹介した図を見てみると，小学校2・3年生頃に反抗的な態度が表れやすく，これは「中間反抗期」と呼ばれていて，次のような言動が見られやすいといわれています。

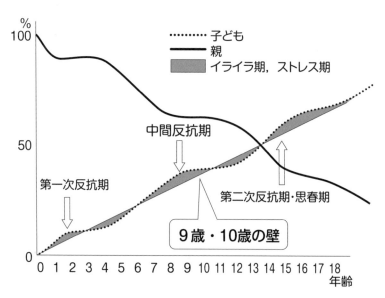

中間反抗期説明図―親と子の力関係の変化―

・イライラした様子で，教師や親と話をしたがらない。

・教師や親に向かって口答えをし，食ってかかる。

・大変そうだと思い教師や親が手を貸そうとすると嫌がる。

・生活態度や口調などに関して注意しても聞こうとしない。

　特に，何事にもイライラしたり，口答えしたりする行為が多くなる点が特徴といわれています。

　図に見られる第一次反抗期や第二次反抗期ほどの激しい反抗ではありませんが，中には突然の変わりように教室が荒れて教師が収拾がつけられなかったり，我が子の変容ぶりに驚きを隠せない保護者もいたりします。

中間反抗期の傾向

　中間反抗期にはいくつか説はあるようですが，他の時期の反抗期と同様に「成長過程の一つ」という説もあります。自我が育ち，自分で考えて行動しようとする気持ちが強まり，教師や親の言いつけや価値観の共有を嫌がるようになるという意味があるようです。

　また，男女による傾向の違いも見られます。

　男子の特徴としては，イライラした表情で，相手が嫌がることをわざと言ったり，汚い言葉をつかったりする"暴言"があります。

　自分の気持ちを言葉で上手に表現したり，相手に伝えたりすることができないがために，物に当たったり，八つ当たりしたりすることが多いようです。

　女子の特徴としては，会話の中で言い訳や屁理屈が多かったり，揚げ足を取ったりするという点があります。口が達者な分，相手がやり込められてしまうこともあります。

低学年の学級づくりの留意点

「小1プロブレム」に対しては…

　前述のように，小1プロブレムとは，小学校に入学したての1年生が，新しい環境になじめず，集団行動ができない，周りとは違う行動をしてしまう，授業中座っていられない，立ち歩く，教師の話を聞かない，という状態が継続する問題です。1998年前後から学級崩壊とともに話題に上るようになりました。

　この状態は，入学直後の4月からしばらく続くことがあります。高学年で起こりがちな学級崩壊とは違い，教師への反抗心などに基づくものではないとされていますが，ここを乗りきらないと中学年からの学級崩壊の要因となることがあるとされています。

　小1プロブレムが生じる主な要因や背景について，一番大きな要因は幼稚園・保育園（保育所）・こども園の幼児教育と小学校教育との段差が大きすぎるという課題です。一般的には接続の課題だといわれています。

遊びを通じた学びと，教師の話を聞く座学の違い

　幼稚園・保育園（保育所）・こども園の幼児教育の段階では，遊びを通じた教育が行われる一方，小学校では席に座って教師の話を聞く座学形式中心の教育が行われることが多いです。それは，それぞれの子どもの発達段階に応じて指導方法が異なっているからです。

　幼児教育の時点では遊び中心だったものが，小学生になった途端45分間着席を求められるようになるため，子ども自身が戸惑ってしまうこともある意味やむを得ないと考えられます。

　幼稚園・保育園（保育所）・こども園の幼児教育の段階でも時間を意識した活動が行われますが，ほとんどの場合厳格な時間割のようなものではあり

ません。中には時間を区切ったり，時間を決めたりして行う活動もありますが，小学校のように時間割に基づくものではない場合が多いです。

　一方で，小学校に入ると時間割に従って，時間通りの活動が行われるようになります。小学校では時間管理の方法が厳格化するため，幼児教育の段階とは様子が異なり，子どもが戸惑ってしまいなかなか適応ができない場合があります。

　下表は幼児期の保育・教育と学童期の接続の課題です。システム的な違いをしっかりおさえた上で対応・対処したいものです。

接続期における課題
　幼児期の保育・教育と小学校教育は，教育課程の構成原理や指導方法等において，下記の表のように様々な違いが見られます。

	幼児期の教育	小学校教育
教育課程の基準	幼稚園教育要領，保育所保育指針，幼保連携型認定こども園教育・保育要領	小学校学習指導要領
	健康，人間関係，環境，言葉，表現	国語，社会，算数，理科，生活，音楽，図画工作，家庭，体育，道徳，外国語活動，総合的な学習の時間，特別活動
教育課程の構成原理	経験カリキュラム（一人一人の生活や経験を重視）	教科カリキュラム（学問の体系を重視）
	方向目標（その後の教育の方向付けを重視）	到達目標（具体的な目標への到達を重視）
教育の方法等	遊びを通した総合的な指導	教科等の目標・内容に沿って選択された教材による指導
学びの形態	学びの芽生え（無自覚な学び）学ぶことを意識していないが，楽しいことや好きなことに集中することを通じて，様々なことを学んでいくこと	自覚的な学び学ぶことについての意識があり，与えられた課題を自分の課題として受けとめ，計画的に学習を進めていくこと

小1プロブレムは家庭だけの問題？

　小1プロブレムは，家庭でのしつけが課題となる場合もありますが，教育制度に関する課題でもあります。下図のように，子どもの発達段階に応じて，幼児教育・保育と小学校教育では異なった保育・教育をすることが求められ，成果も出してきました。

　しかし，幼児教育と小学校教育のつながりや接続に，段差が生じてしまっていることが小1プロブレムにつながっている側面もあるため，幼保こ小連携（「こ」…こども園）として小学校への円滑な接続のためにスタートカリキュラムが提案され，全国で実施されています。

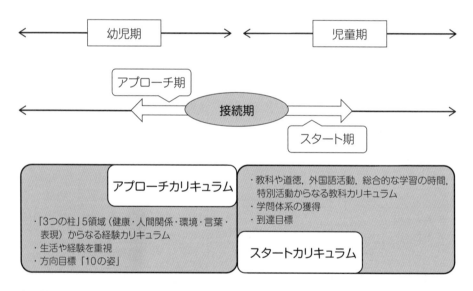

〔参考〕
　「小学校学習指導要領第1章総則」（平成29年告示）に新設された第2の4
　「学校段階間の接続」（1）

※スタートカリキュラムとアプローチカリキュラムの計画参考例は，本書46〜49ページを参照してください。

教育課程への位置付けと接続の関係

　教育課程への位置付けは次のようにされています。

　これまで，幼児期の教育と小学校教育との円滑な接続については，平成20年の「小学校学習指導要領解説　生活編」の中で，幼児期の学びから小学校教育への円滑な接続を目的としたカリキュラム編成の工夫として，スタートカリキュラムが示されました。

　今回の改訂においては，第１章総則で，低学年における教育全体において，幼児期の教育及び中学年以降の教育との円滑な接続を図る役割が生活科に期待されるとともに，「特に，小学校入学当初においては，生活科を中心に，合科的・関連的な指導や弾力的な時間割の設定など，指導の工夫や指導計画の作成を行うこと」（スタートカリキュラムの編成・実施）が規定されたことを受け，低学年の各教科等（国語科，算数科，音楽科，図画工作科，体育科，特別活動）の学習指導要領にも同旨が明記されています。

　以上のことからも明らかなように，各小学校においては，入学した子どもが，幼児期の教育における遊びや生活を通した学びと育ちを基礎として，主体的に自己を発揮しながら学びに向かうことが可能となるようにするためのスタートカリキュラムの充実が求められています。

中間反抗期への対応の基本は許容範囲を広めにとること

　２年生ぐらいの子どもは，自分の考えを認めてほしいと思いがちです。それが口答え（反抗・反発）という形で表れていると考えてみてください。

　ですから，たとえ子どもの言い分が間違っていたとしても，「なぁるほど，そう思うんだね」などと，いったんは受け入れる態度を示しましょう。子どもの反抗的な言動に注目するのではなく，許容する範囲を広めにとり，受けとめる気持ちで接しましょう。

下図は，子どもの心理におけるルール遵守の意識の高低とふれあいの度合いの大小を表した関係図です。

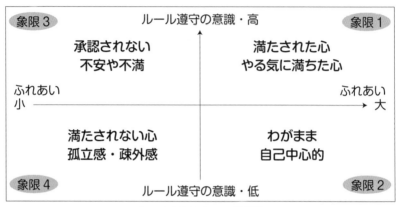

ルールとふれあいの関係図

　象限2（右下）は，ルール遵守の意識が低く，ふれあいの度合いが大きいケースです。

　ルールを守ろうと努力しなくても，周囲との人間関係がある程度とれることになるので，自己中心的な気持ちをもつ子どもになりやすくなります。自分の思いを優先してしまい，他者からの意見を受け入れない子等が考えられます。わがままで，身勝手な言動が多く，相手の状況を考慮せず自己中心的な言動が多いタイプです。

　小1プロブレムにしても中間反抗期にしても，象限2（右下）の，ルール遵守の意識が低く，ふれあいの度合いが大きい（わがまま・自己中心的）ことが影響しているのではないかといわれています。

　つまりどちらの場合も，子ども自身・子ども同士・教師と子ども・子どもと保護者それぞれの「ルールとリレーションのバランス」が大切であることを認識していただきたいと思います。

低学年の学級づくりのポイント

　最近の通常学級には，軽度の発達障害をはじめ，多様な援助の必要な子どもが共に学んでいることをぜひ実感した上で学級づくりに取り組んでほしいと思います。

　低学年の課題である入学時期の適応や中間反抗期への対応を意識して支援（援助）教育を進めるためには，次の７つの項目がポイントになります。

「どの子にも居場所のある学級」

「どの子にもわかりやすい授業づくり」

「どの子も学習に集中できる環境」

「どの子のピンチもチャンスに変える課題解決」

「子ども同士のよい関係づくり」

「教師と子どものよい関係づくり」

「教師と保護者とのよい関係づくり」

　これらの項目を具体的に実現していく一つのツールとして，「ルールとリレーション」チェックリストを作成しました。

「ルールとリレーション」チェックリストの見方・確認の仕方

　低学年の学級診断は，教師の観察によるところのウエイトが大きいです。ただ，主観的ではありますが，多少なりとも客観的なデータがあると，学級づくりの診断になるため，ルールとリレーションのチェックリストを紹介します。

　それぞれの項目ごとに５つの選択肢があります。各質問１つにつき２ポイント（イエスが２・ノーが１）とし，各項目計５～10ポイントになります。タテ軸がリレーション，ヨコ軸がルールで，ポイントを見つけ，クロスしたところが現在の学級の状態になります。

診断する際は次の点に気を付けましょう。

・できるだけ客観的に自己評価できるように，具体的な取り組みをイメージして振り返りましょう。

・同僚や他の人に話を聞きながら，他者評価も取り入れてチェックしてみましょう。

・あくまでも目安として取り組みましょう。

Check! ルールの定着，規律を守ることについて

YES NO

☐ ☐　子どものほぼ全員がルールを守ろうとしている

☐ ☐　子どもの8割程度がルールを守ろうとしている

☐ ☐　子どもの半数がルールを守ろうとしている

☐ ☐　子どもの4分の1程度がルールを守ろうとしている

☐ ☐　子どものほとんどが学級のルールをよくわかっていない

Check! リレーションの確立，相互に認め合える関係

YES NO

☐ ☐　子どものほぼ全員が和やかな感じで行動しようとしている

☐ ☐　子どもの8割程度が和やかな感じで行動しようとしている

☐ ☐　子どもの半数が和やかな感じで行動しようとしている

☐ ☐　子どもの4分の1程度が和やかな感じで行動しようとしている

☐ ☐　子どものほとんどが和やかな感じで行動しようとしていない

※リレーションの確立とは，ふれあいのある本音の感情交流がある状態のことをいいますが，低学年では判断基準が曖昧で難しいです。親和的な関係ととらえ，互いに和やかに親しむ感じがあったり，なじんでいたり，仲良くしていたりするかどうか確認してみましょう。

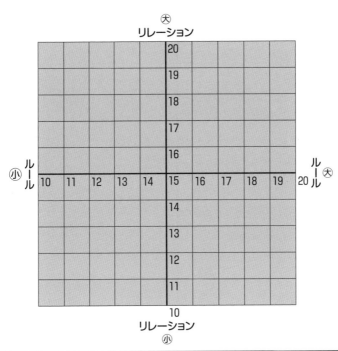

結果の見方

①今回のルールとリレーションのバランスはどうか。

目安となる傾向としては次のことが考えられます。

・右上のエリアに入ると……**リレーション○／ルール○**

→バランスがとれたクラスになっていることが考えられます。

・右下のエリアに入ると……**リレーション△／ルール○**

→ルールが優位でリレーションが不足しているので，硬さのあるクラスになっていることが考えられます。

・左上のエリアに入ると……**リレーション○／ルール△**

→ルールの定着が弱く，関係性はよいので，ゆるみのあるクラスになっていることが考えられます。

・左下のエリアに入ると……**リレーション△／ルール△**

→ルールもリレーションも不足していることが考えられます。

②現在の実態を踏まえて，いつまでにどのような手立てを講じるとよいか
（１か月後・長期休み前・学期末等）作戦を立ててみましょう。

ルールが低い場合…

リレーションが低い場合…

1年間の見通し

　低学年の課題としては，「小１プロブレム」「中間反抗期」など，学校生活への適応が難しい子どもが増えてきていることを受け，集団に適応し，友達と仲良く助け合っていく態度の育成が求められています。特に，返事やあいさつ，自分の気持ちを伝えること，時間やきまりを守ることなど基本的な生活習慣を身に付けることや，社会生活上のきまりを理解することなどは，この時期の指導の大切なポイントになります。

　楽しい雰囲気で，自分の好きなことが言えたり，友達のよさを見つけたりしていくことをはじめ，自分をかけがえのないものとして大切にしていこうとする気持ちを育んでいきます。そして，自分自身の成長に気付き，自信を深めることを大切にしていきたいものです。

　・スキンシップを通して触れ合うことのよさに気付く。
　・友達の気持ちや考えを理解しようとする。
　・友達と協力して活動に取り組む。
　・してはいけないことがわかり，自制する心を養う。

1学期の学級生活では

　1学期の学級生活の課題は基盤づくりにあるといわれています。特に入学間もない１年生や，初めてのクラス替えでの学級開き以後の１か月は「土台固めの１か月」と呼ばれるほど，子どもたちにとっても，我々教育に携わる者にとってもお互いを知る上でとても大切な時期です。

　学年の節目は，なんとなくワクワクしながら期待や不安が交錯しがちです。それはいろいろな人との出会いについてであったり，勉強や運動，新しい担任についてであったりもします。

　教師自身は，今度受け持つ子どもたちはどのような子どもたちなのか，配慮を要する子はいないかなど，希望と意欲や不安などをもっています。多少

不安な面があったとしても，１年間をどのように過ごすか，しっかり計画的に学級経営をしようと力が入る時期でもあります。

　群れ的集団として出発した学級に，様々なインフラを導入して，安定した集団に変容させていくことが求められるのがこの１学期だと考えられています。また，発達課題を踏まえて人間関係について指導すべき課題も山積されています。こんなときこそ「リレーションづくり」の活動の出番です。

なぜエンカウンター？

　「リレーションづくり」の中でもおすすめの活動が「構成的グループエンカウンター」（以後，エンカウンター）です。エンカウンターは，学校カウンセリングのかかわり技法の一つとして考え出され，開発的な教育相談として機能するものです。すでに多くの学校で実践され，その有効性は研究報告書や書物などでも紹介されています。

　エンカウンターは，ふれあいと自己発見を期待できる集団体験としてブームになっています。多くの学校現場で受け入れられる理由としては，インストラクションやエクササイズ，シェアリングという流れが授業の導入・展開・終末と似ていることや，工夫され，研究されたエクササイズが多く紹介されていることにあります。

　特別活動の中では，「特別活動で育成すべき資質・能力」の中の「心身の調和のとれた発達」や「個性の発見と理解」に寄与するものと思います。

　また，特別活動の基本的な性格についても「日ごろから学級経営の充実を図り，教師と児童の信頼関係及び児童（生徒）相互の好ましい人間関係……」（平成20年版小学校学習指導要領 総則）とあるように，早い時期に円滑な人間関係を培ったり，支持的な雰囲気を醸成したりすることは大きな意義があると思います。

　どのような時期にどのようなことに取り組めばよいかの，おおよその目安を立てて（心得て）おくことがこれからの学級づくりに望まれることなのではないでしょうか。

こんな時期にこんな試みを（1学期）

学級の出発「出会い」としての4月

　この時期は集団への適応についての子ども個々の不安や緊張を和らげ，学級の中での自分の存在感や所属感をもたせることが課題になります。多少大げさに言うと，新しい学年としてこの時期にどのようにスタートを切れるかがその後の活動に大きく影響してくることになります。

　そこで，エンカウンターのエクササイズを通して，楽しい雰囲気で自分のことを紹介したり，級友のよさにふれたりする活動に取り組むことで，親近感をもてるようにさせたいものです。

　また，今までとは一味違った担任紹介や教師の願い，このクラスをどのようにしたいのか，好きなことや小さい頃の失敗談など，教師側からの自己開示によって教師と子どもとの信頼関係を築くことも大切です。

学級の友達を知る5月

　多少落ち着きが感じられるようになる5月は，子どもたちの間に，お互いに認め合う関係を築いて（リレーションを促進して）いくことが課題になります。4月の不安と緊張を和らげた後にさらに「心のふれあい」を目指す積極的な人間関係づくりが求められます。

お互いのよさに気づく6月

　6月はある意味子ども個々が自我を主張し出す時期で，様々な衝突が表面化する時期でもあります。お互いの気心も知れてくると同時に，親しみが出てくるために相手に対する遠慮がなくなり，時には自分本位な行動に走りやすくなることも考えられます。そこで「自己開示」を多くするエクササイズや，ソーシャルスキル・トレーニング（以下SST，p.44参照）で，もう一歩踏み込んだ，互いを思い合う仲間（関係）づくりを目指しましょう。

　７月は夏休み前ということもあって，長期の休みに対する不安と喜びで学級集団の規律などが多少ゆるみがちになり，なんとなく落ち着かない時期です。ここで学級のまとまりを意識させ，雰囲気を引き締め直すような関係づくりをしておくと，２学期の出会いがスムーズになったり，学級としてのまとまりが持続されたりしてスタートを順調に切ることができます。「人のふり見て我がふり直せ」のことわざのように，「ルールとリレーションのバランス」を意識付けさせながら，友達のよさに気付いたことを自分自身のこととして振り返らせたいものです。

　このように，１学期の学級づくりにあたっては，「出会い」「ふれあい」「自己開示」「ルールの定着」をキーワードに，朝の会や帰りの会，学級活動の時間などに意図的・計画的にエンカウンターやSSTに取り組むことにより，「ルールとリレーションのバランス」を目指した個や集団の支持的雰囲気の人間関係づくりを促進できるということが大切になります。

● Point ▶ 「ホンネとホンネの交流」の促進

　２学期では，それまでに培ってきた人間関係から，さらにホンネとホンネの交流が促進できる時期です。しかし低学年の場合は，夏休みの間にそれまでの関係がリセットされてしまう場合もあるので，リスタートを意識して対応することが求められます。

　中には，リスタートがうまくいかずに，ぶつかり合いが見られトラブルになったり，いくつかのグループができてしまったりして，集団に心理的な圧力をかける場合もあります。見かけは仲が良さそうでも，助け合ったり協力し合ったりして活動できない等の課題が見られることもあります。

　それら子どもたちの様々な実態に対応するためには，SSTを通してルール意識を育んだり，エンカウンターで信頼関係が促進できるゲーム性の強いエクササイズを実施したりするなどして，反発や抵抗などに適切に対応できるようにプランづくりをしたいものです。

2学期の学級生活では

　2学期の学級生活の課題は，それまでの子ども同士の関係を生かしてどのように充実させるかにあるといわれています。1学期に培った学級内の人間関係がペアからグループになりはじめるなど，子ども同士のかかわりが活発になる時期でもあります。

　学校行事や児童会行事など様々な活動を通して仲間意識が育まれてくる時期でもあり，相手を意識しすぎて自分をうまく出せずに孤立してしまう子などが見られはじめるのもこの時期です。

　また，2年生でのクラスの荒れや1年生で多く見られるいじめ，登校しぶりなどの子どもの変化が見られますので，配慮のある対応が必要です。

　「みんな違ってみんないい」の言葉のように，個性を尊重しながらも支持的な雰囲気の安定した集団に変容させていくことが求められます。

　このような時期だからこそ，問題が生じる前にはエンカウンターでリレーションづくりを行うと同時に，SSTでルール意識を育みましょう。

こんな時期にこんな試みを（2学期）

学級のリスタート「新たな出会い」としての9月

　この時期は，子どもたち一人一人が夏休み中に体験してきたことを生かしてがんばろうというやる気をもったり，1学期に積み残した課題をやり遂げようとする意欲をもったりする節目の時期です。集団への適応についての子ども個々の不安や緊張を和らげ，学級の中での自分の存在感や所属感を再確認させることが課題になると思われます。

行事に向けての雰囲気が盛り上がる10月

　10月は，子どもたちの間に，お互いに認め合う関係を深めて「ルールを優先にしながらもリレーションづくりを促進」していくことが課題になります。

行事に向けて取り組む際に，各自が個性を発揮しながらも，相手のよさを認め（他者理解），心のふれあいを目指す積極的な人間関係づくりが求められます。

様々な行事を通して互いのよさに気づく11月

11月は，様々な行事を通して互いのよさに気付いたり，本音で語り合ったりするなど個性を発揮する時期ととらえることができます。クラスがなんとなく落ち着かず，荒れが表面化するのもこの頃が多いとの報告もあります。「人のふり見て我がふり直せ」のように，ルールを尊重しながらも他者理解を通して自分自身を見つめる（自己理解）ことが求められます。

年の瀬を迎えなんとなく落ち着かない12月

12月は年の瀬を迎え，なんとなく落ち着かない時期です。クラスで取り組んできた成果を生かして友達のよさや自分のよさを振り返る時期としては最適な時期でもあります。われわれ意識を育みながらも新たな自分のよさを発見させるなどの活動が効果的です。

このように，低学年の2学期の学級づくりにあたっては，「ふれあい」「自己開示」「ルールを尊重したホンネとホンネの交流」をキーワードに，朝の会や帰りの会，学級活動の時間などに意図的・計画的にSSTやエンカウンターに取り組むことにより，「安定したリレーションの促進」を目指し，個や集団の支持的雰囲気の人間関係づくりをぜひ促進してもらいたいものです。

Point 「リレーションづくり」から「信頼関係の促進」へ

私は最近，学級経営スーパーバイザーや教育カウンセラーとして，教師サポート（先生方の悩み相談）にかかわるようになりました。その際に，特別活動や学級づくりにかかわる課題として，学級活動の指導や援助の仕方がわからない，適切な課題解決ができないと悩む教師が増えていると実感しています。

特に「日常の生活や学習への適応と自己の成長及び健康安全」の中の「よりよい人間関係の形成（学級や学校の生活において互いのよさを見付け，違いを尊重し合い，仲よくしたり信頼し合ったりして生活すること）」と「一人一人のキャリア形成と自己実現」の中の「現在や将来に希望や目標をもって生きる意欲や態度の形成（学級や学校での生活づくりに主体的に関わり，自己を生かそうとするとともに，希望や目標をもち，その実現に向けて日常の生活をよりよくしようとすること）」の2つの指導に抵抗や苦手意識を感じている教師が多いと感じています。子どもの実態に応じてどのように適切に指導・支援すればよいかという難しさについての悩みが多いようです。

　そのようなときに私は，「ルールとリレーションのバランスを意識したわれわれ意識」を育む学級づくりの実践をおすすめしています。

　最近の子どもたちが身に付けにくいといわれる社会性を育むことが，人とのかかわりにとって重要な意味をもつと考えるからです。

　「われわれ意識」とは，自分も含めた学級集団の仲間意識を育てることであり，子ども自身が自分の心の居場所と感じるような「自分が必要とされている存在であること」を認識できることにつながるのです。さらに，自分の存在が周囲の人々から認められ，自己存在感を得ることで，相互に支え合うような支持的な学級風土を醸成することにもなります。

　そのようなクラスをつくるためには，生活上のルールを子ども自らが見付け，教師の適切な指導のもと，解決していける能力を身に付けることが大切になります。見守る姿勢も大事ですが，必要に応じて指導も必要であることを肝に銘じてください。

　「われわれ意識」が育まれると，仲間意識が芽生え，好意的にかかわろうとする気持ちが出てきます。自分と心の通い合う仲間がいると，あたたかい友人関係が育ち，そのことが学校生活を楽しく充実したものにします。たとえ多少のトラブルが起きたとしても，問題が深刻になる前に解決できたり，それを頼りに乗り越えることができたりもします。気心が知れてくると，両親や教師との結びつきよりも友達関係の結びつきが強くなるという例もあり

ます。

　子どもは独立した存在であっても，他の子どもたちとのかかわりを通して成長していくもの，個人と集団の相互作用の中で生き，育ち，成長するものであると考えます。

3学期の学級生活では

　3学期の学級生活の課題は，それまでに育まれてきた子ども同士の関係を，さらにどのように充実させるかにあります。まとまりのある学級集団として意識付けたり，親しい関係を促進したりできる時期でもあります。

　仲良くなったグループ内では，ホンネとホンネでかかわれるようになるため，個性同士がぶつかり合うことも少なくありません。中には自分をうまく出せずに孤立してしまう子などが見られはじめるのもこの時期です。

　「みんな違ってみんないい」のように，個性を尊重しながらも支持的な雰囲気の安定した集団（個性がつぶれる豆腐集団ではなく，個性が生きる納豆集団）に変容させていくことが求められます。

こんな時期にこんな試みを（3学期）

新年を迎え「やる気」が感じられる1月

　新年を迎え，いろいろな意味での「やる気」が感じられる1月は，子どもたち一人一人が冬休み中に体験してきたことを生かして，新たな気持ちでがんばろうというやる気をもったり，2学期に積み残した課題をやり遂げようとして意欲をもったりする節目の時期です。

　子ども個々のやる気をまずしっかり自覚させることと，そのやる気をどのように集団へ反映させていくかという方向性をもたせるために，学級の中での自分の存在感や所属感を再確認させることが課題になります。

行事に向けての雰囲気が盛り上がる２月

　２月は，卒業式などの行事に向けての雰囲気が盛り上がる時期です。

　子どもたちの間に，お互いに認め合う関係をさらに深めて（リレーションを促進して）いくことが課題になります。各自が個性を発揮しながらも，相手のよさを認め（他者理解），心のふれあいを目指す積極的な人間関係づくりが求められるようになります。

一年間の活動を振り返る３月

　３月は，これまでの一年間の活動を振り返り，クラスで取り組んできた成果を生かして友達のよさや自分のよさを振り返ることができる時期です。

　みんなで取り組んできたことを振り返り，われわれ意識を確認しながらも新たな自分のよさを発見するなどの活動も考えられます。

　エンカウンターでは，「別れの花束」に代表されるように，節目を大切にするエクササイズがあります。「終わりよければ全てよし」の言葉通り，楽しいことやつらいこと，苦しかったことなど，いろいろな思い出はあっても，互いに切磋琢磨してきた思いのよさを確認し合うことで認め合える関係づくりができます。

低学年のエクササイズの選び方は？

　安心感があり互いに認め合える学級を目指すには，適切な個へのかかわりと同時に，集団へのかかわり（グループ・アプローチ）が大切なポイントになります。エンカウンター，SST，心ほぐしミニゲームについて違いを紹介します。

エンカウンター

　エンカウンターは，エクササイズとシェアリングを特徴とするグループアプローチの一つです。互いのよさを認め合う活動を通して「ふれあいと自他

発見」が熟成されます。

　エンカウンターの目的は，「言語的および非言語的コミュニケーションを通して相手の行動変容を援助する人間関係づくり」（國分康孝氏）です。

　交流体験（自己開示と肯定的なフィードバック）を積み重ねることによって新たな自他を発見し，望ましい人間関係を形成することをねらいとしています。

　エンカウンターには一定のルール（枠）の中での自己開示が求められます。

　自己開示は，ルールがあって初めて緊張や不安から解放され，安心して自分を出すことができるものです。構成する枠の種類は①ルール，②グループの人数，③グループの構成，④時間の制限などです。このような枠の内容は，そのときの学級の状況によって変わります。

　さらにエンカウンターでは，シェアリングを通して，自分自身や他者を理解できるようになり，人間関係が深まります。シェアリングなしでは「楽しかった」だけで終わる可能性があります。シェアリングの積み重ねによって新たな自己を発見し，他者理解を促進することができます。

SST

　SSTの「ソーシャルスキル」とは，対人関係や集団行動を上手に営んでいくための技能（スキル）のことです。

　SSTは，対人関係を円滑にするための知識に基づいた具体的な技術とコツです。

　どう行動していいか困っている子への個別対応だけでなく，予防・開発的に学級全体でソーシャルスキルを学習し身に付けることが重要です。

　クラス全員を対象として実施する場合は次のステップが必要です。

①ターゲットスキル…身に付けさせたいスキルを決定する
②ウォーミングアップ…緊張や硬さを和らげるリラクゼーション
③インストラクション…なぜこのスキルを身に付けるのが大切か説明する
④モデリング…見本を示す
⑤リハーサル…実際にスキルを練習する（ロールプレイなど）
⑥フィードバック…リハーサルを具体的・肯定的に評価する

　筆者は時間がとれないときや，授業のすきまの時間に行うときには，③〜⑥に絞って実践する（ショートとして）こともあります。

心ほぐしミニゲーム

　心ほぐしミニゲームとは，筆者が創り出した造語です。低学年でエンカウンターの実施が難しいという声に応えようと，ゲーム性の強いエクササイズを中心に，学習ゲーム的な要素も加味して構成したものです。

　日常の人間関係改善を目標とし，身体運動や体ほぐしなどにより，不安や緊張の緩和を取り入れたワークとして実践するものです。

　不安傾向が強い子がいる場合，他者との関係性を築きにくい場合，仲間からの同調圧力（ピアプレッシャー）を感じている子がいるときなどに，不安や緊張を和らげる手軽なワークとして取り組めます。

〔参考にできる図書〕
・國分康孝監修，八巻寛治他編集『エンカウンターで学級が変わるショートエクササイズ集１・パート２』図書文化
・八巻寛治『構成的グループエンカウンター・ミニエクササイズ56選　小学校版』明治図書
・八巻寛治『心ほぐしの学級ミニゲーム集』小学館
・八巻寛治『みんながなかよくなれる学級ゲーム』小学館
・八巻寛治『 エンカウンターの心ほぐしゲーム』小学館

スタートカリキュラムの例

[第1週]　ともだちやせんせいとなかよしになろう
○1年生になった喜びや新しい出会いのうれしさを感じ，楽しく安心して過ごす。

日	1日目	2日目	3日目	4日目	5日目
行事	入学式		対面式		聴力検査
登校して		登校したら，ランドセルをロッカーに入れて，読書・お絵描き・折り紙等をして待つ（座卓を準備するなど，環境を設定しておく）	登校したら，朝の活動（ランドセルの片付けまで）を，自分でする　準備ができたら，読書，自由帳，折り紙などをする		
朝の会		なかよしタイム（生活科室・体育館に集合）			
		生活科室	体育館	体育館	生活科室
1		【学：小学生になったよ】・手遊び「おちたおちた」・先生の紹介（各担任・支援員）／【音：うたでなかよしになろう】・歌「先生とお友達」・歌「さんぽ」／【生：がっこうだいすき】・トイレの使い方（大型絵本）・トイレたんけん	【学：小学生になったよ】・手遊び「おちたおちた」・先生の紹介（校長先生・教頭先生）／【音：うたでなかよしになろう】・歌「先生とお友達」・ゲーム「じゃんけん列車」・歌「さんぽ」／【生：がっこうだいすき】・お兄さん，お姉さんに会う準備（対面式に向けて）	【学：小学生になったよ】・手遊び「やおやさん」・先生の紹介（養護教諭・栄養士）／【音：うたでなかよしになろう】・歌「先生とお友達」・ゲーム「もうじゅう狩りに行こうよ」・歌「校歌」／【国：よろしくね】・言葉遊びゲーム・大型絵本の読み聞かせ	【音：うたでなかよしになろう】・歌「校歌」・歌「夢をかなえてドラえもん」／【体：からだをうごかそう】・ダンス「ラーメン体操」・氷おに／【国：本がいっぱい】・紙芝居・読み聞かせ（次の活動に生かせる，食べ物や動物，乗り物などの本）・好きなものなにかな
2		【学：小学生になったよ】・登校したらどうするの・ランドセルなどの片付け方や提出物の出し方など・教室の道具の使い方	【行事】対面式（全校）・歌発表「さんぽ」	【生：がっこうだいすき】・校庭を歩いてみよう／【体：ゆうぐてつぼうあそび】・遊具の使い方を知ろう・友達と遊具で遊んでみよう	【生：がっこうだいすき】／【図：好きなものを描こう】・名刺づくり・すきなものも描いてみよう（カードに描いてみる）
20分					
3		【図：どんどんかくのはたのしいな】・好きなものをどんどん描こう／【学：小学生になったよ】・手紙のたたみ方・帰りの準備の仕方	【生：学校だいすき】・校舎内を歩いてみよう・職員室・保健室・校長室の場所を知り，入り方を知ろう・廊下の歩き方を知ろう	【国（書写）：しせいともちかた】・書くときの姿勢・鉛筆の持ち方・なぞってみよう・なまえを書いてみよう（なぞる・お手本を見る）	【行事】・聴力検査・静かに待つ約束の確認・教室ではエプロン先生にお願いする（待ち時間は，名刺づくりの続き）
4		1年全員集団下校	【国：みんなのせかい】・教科書の広げ方・声に出して読んでみる◆発表の仕方や返事の仕方，話の聴き方／【学：小学生になったよ】・手紙のたたみ方・帰りの準備の仕方／1年全員集団下校	【学：小学生になったよ】～初めての学校給食～・園での昼食を思い出しながら，学校ではどんなことをすればよいか，話してみよう・エプロンを着て，当番活動をしてみよう・待つときはどうするのかな	【算：なかまづくりとかず】・カードを使って，仲間分けをしてみよう／【学：小学生になったよ】～楽しい給食～
給食				給食	給食
昼休み				昼	昼
掃除				掃　クラスの花壇の草ひき	掃　クラスの花壇の草ひき
5		・明日学校に来たら，ロッカーにランドセルを入れて，読書をしたり，絵を描いたり，折り紙をしたりして過ごしてよいことを伝えておく		【国：はきはき　あいさつ】・元気なあいさつ・元気な返事・席の立ち方，座り方／【学：小学生になったよ】・帰りの準備をしよう	【国：よろしくね】・自分のことを話してみよう／【学：小学生になったよ】・帰りの準備をしよう

※15・30・45分のモジュール学習です。それぞれの週の中で45分間になるように調整しています。

	6日目	7日目	8日目	9日目	10日目
	[第2週]　ともだちをつくって，いっぱいあそぼう　○友達や先生と一緒に仲良く過ごすことができる。				
行事			発育測定		
朝して	登校したら，朝の活動（ランドセルの片付けまで）を自分でする。準備ができたら，読書，自由帳，折り紙などをする				
朝自習	読み聞かせ（紙芝居・絵本）をする				
朝の会	1. 朝の挨拶　　2. 元気調べ（健康観察）　　3. 先生の話				
	なかよしタイム（生活科室・体育館に集合）				
	生活科室	生活科室	生活科室	体育館	生活科室
1	音楽【音：うたでなかよしになろう】・歌「校歌」「ひらいたひらいた」・手遊び「おちたおちた」　体育【体：からだをうごかそう】・ダンス「ラーメン体操」・ダンス「夢をかなえてドラえもん」	音楽【音：うたでなかよしになろう】・歌「校歌」「ちょうちょ」「ひらいたひらいた」　体育・ダンス「ラーメン体操」・ダンス「夢をかなえてドラえもん」　国語【国：ほんがたくさん】・大型絵本や紙芝居	音楽【音：うたでなかよしになろう】・歌「校歌」「ちょうちょ」「おちゃらか」　体育・ダンス「夢をかなえてドラえもん」・ゲーム「氷鬼」　国語【国：ほんがたくさん】・大型絵本や紙芝居	音楽【音：うたでなかよしになろう】・歌「校歌」「おちゃらか」　体育・ダンス「夢をかなえてドラえもん」・ゲーム「バナナ鬼」　国語【国：ほんがたくさん】・大型絵本や紙芝居	音楽【音：うたでなかよしになろう】・歌「校歌」「なべなべそこぬけ」　体育・ラジオ体操・ダンス「夢をかなえてドラえもん」　生活【生：がっこうだいすき】・もう一度学校に行ってみたい場所について話し合う
2	生活【生：がっこうだいすき】・名刺の交換　算数【なかまづくりとかず】・もらった名刺，仲間分けをしてみよう	算数【なかまあつめ】(1) なかまをつくろう：いろいろな観点や条件に応じて集合をつくったり，1つの集合に対して，その集合の観点や条件を考えたりすることができる	発育測定	体育【からだをうごかそう】・体操服に着替えるときには・ならびっこ・おにあそび・かけっこ・リレー	書写【書：なまえをかこう】・名刺に自分の名前を書こう　学【学：がっこうのきまり】・廊下の歩き方や，職員室などへの入り方を考えよう
20分		生活【がっこうだいすき】・縦割り班の6年生と顔合わせ・6年生と一緒に遊ぼう	縦割り班の6年生と遊ぼう	図工【図：つちやすなとなかよし】・砂場を利用して感触を楽しんだり，試しながら作ったりする	生活【生：がっこうだいすき】
3	道徳【たのしいがっこう】・学校に関わる人に関心をもとう	国語【みんなのせかい】・挿絵を見て，通学路や校庭の様子を思い浮かべ，春探しに興味をもつ　生活【がっこうだいすき】・校庭で，春をさがす・春風を感じたり，草花で遊んだりする	国語【ほんがたくさん】・読み聞かせ・図書室ではどのように過ごしたらよいかを考える・図書室で読みたい本を読む	生活【がっこうだいすき】・砂場で遊んだことをみんなに伝えよう	国語【国：よろしくね】・学校内を探検しよう・先生に出会ったら，名前を言ったり，名刺を渡したりして，お話ししてみよう・見つけたことや気付いたことを伝え合う
4	国語【みんなのせかい】1/4時間（話聞3読1）題名や絵からお話の内容に興味をもち，全体を通して見て，絵から見つけたことや気づいたことを話す	生活・見つけたものを絵に表したり，色塗りをしたりする	算数【なかまあつめ】(2) くらべよう：集合の要素の個数を1対1で比べることができ，数が同じ，違う（多い，少ない）などの意味を理解する	国語【じをかこう】「い」・「い」の付く言葉探し・「い」の書き方	
給食	学活【小学生になったよ】〜楽しい給食〜	学活【小学生になったよ】〜楽しい給食〜	学活【小学生になったよ】〜楽しい給食〜	学活【小学生になったよ】〜楽しい給食〜	学活【小学生になったよ】〜楽しい給食〜
昼休み					
掃除	クラスの花壇の草ひき	縦割り掃除	縦割り掃除	縦割り掃除	縦割り掃除
5	国語【じをかこう】「く」・「く」の付く言葉探し・「く」の書き方	生活【がっこうだいすき】・掃除でどんなことしたのかな・掃除から教室に戻ったら　国語【じをかこう】「つ」・「つ」の付く言葉探し・「つ」の書き方	学活【当番をしてみたいな】・どんなことをしたいのかな・だれがするのかな　図工・当番の名札を作ろう	国語【みんなのせかい】2/4時間（話聞3読1）提示された各場面の絵を見ながら，人物がどんなことをしているのか，どんな話をしているのかなど想像したことを話したり，友達の話を聞いたりする	図工【先生あのね】・学校たんけんをして，見つけたものや楽しかったことを絵に描こう

アプローチカリキュラムの例

令和○年度　Rこども園・○東小学校版「アプローチカリキュラム」

		0歳～年長9月	4月～10月	11月	12月
育むべき資質・能力	生きる力の基礎	◎知識・技能の基礎（気付き，できるようになること） ◎思考力・判断力・表現力等の基礎（試し，工夫すること） ◎学びに向かう力・人間性等（やってみたいことに向けてがんばること）			
接続期カリキュラム		遊びを通した総合的な学び（5領域の学び）　無自覚な学び			
			アプローチカリキュラム		
活動の柱・ねらい等		アプローチカリキュラムの活動の柱		アプローチカリキュラムのねらい	
	A	学びの芽を大切にした活動の充実		・知的好奇心を育み，自ら学ぶことができるように	
	B	協同的な遊びや体験の充実		・人とのつながりを実感し，友達とともに目標を達	
	C	自立心を高め新しい生活をつくり，安心して就学を迎えられる活動の充実		・成長を実感し，自信をもって新しい生活をつくる ・小学校との交流を通して，安心して就学できるよ	
主な活動	A	・お泊り会　・クッキング　・バイキング給食　・遠足　・芋ほり　・防犯安全教室　・公園のごみ拾い　・ ・季節の遊び（虫取り，秋遊び，氷遊び等）　・ゴーヤ，ヒマワリ，マリーゴールドの栽培　・チューリップの ・環境教室（資源循環局）　・高齢者施設の訪問			
	B	・学園祭・フェスティバル　・劇あそび，わらべうた　・お別れ遠足　・リズム遊び　・お店屋さん，おばけ ・集団遊び（どろけい，リレーなど）　・縄跳び　・季節の行事（お正月あそび・節分・夏祭り・ひなまつり			
	C	・フェスティバル　・川あそび　・お別れ遠足　・お店屋さん，おばけやしき　・年下児クラスの手伝い ・卒園製作，卒園文集づくり　・卒園式　・当番活動（人数報告，給食配膳，水やりなど）　・ハンカチ，上 ・小さな音楽会（3年生との交流）　・なかよし会（1年生生活科交流）　・小学校訪問			
配慮事項・環境構成（10の姿との関わりで記述）		・集団遊びや，運動遊びなど心身を十分に働かせ，意欲的に運動し，健康で安全な生活をつくる。その際，活動 ・遊びや活動の中で自己を十分に発揮し，最後まで粘り強くやり遂げ，達成感を味わう。意欲や頑張る姿を認め， ・フェスティバルや，お楽しみ会等で，共通の目的の実現に向け，考え，工夫し，みんなで協力して取り組み，やし ・友達と活動する中で，善悪の区別をつけられるようにし，相手の立場に立って行動できるようにする。集団遊び 　関わり，自己の気持ちに整理をつけられるようにする。（道徳性・規範意識の芽生え） ・地域の方たちとの交流を通して，自分たちが大切にされていることに気付き，人との関わり方がわかる。遠足や 　ようにする。（社会生活との関わり） ・生活の中で，物の性質や仕組み，数や図形，言葉や文字，時間，標識などに興味をもち，気付いたり，考えたり， 　カレンダーや時計等を活用し，見通しがもてるようにする。（思考力の芽生え，数量や図形，標識や文字などへ ・季節の遊びや飼育・栽培活動等を通して，身近な自然に触れ，興味をもって親しむ。感じたことを絵や制作など ・絵本や物語，童歌等に親しみ言葉からイメージを膨らませる。自分の思いを相手に伝わるように話したり，相手 ・生活や行事等で感じたことや考えたことを，言葉，絵，音楽，身体表現等さまざまな方法で表現する活動を通し ・小学校との交流や，卒園に向けた取組を通して互いの成長を喜び合い，意欲と自信をもって生活する。（自立心 ・就学に向けての期待，不安を受け止め，安心して過ごせるようにする。また，生活リズムや時間を意識した生活			
幼保こ小連携		・幼保こ小連携担当者会（幼保こ小連携交流日，内容の打ち合わせ）　・小学校の授業参観　・入学説明会参加 ・幼保こ小交流　・幼保こ小連携の交流（園訪問，学校訪問，給食交流）　・各就学先小学校職員との引き継ぎ			
家庭との連携		・活動の中で見られる子どものよい姿を伝え，成長を共に実感し，肯定的に見守っていけるようにする。 ・学校は楽しいところという期待感を家庭，園で共に膨らませていけるようにする。 ・保護者が安心感をもてるよう，就学後も小学校との連携で子どもを見守っていくことを伝える。 ・就学に向け生活のリズムを整え，基本的生活習慣が身につくように園と家庭で連携し取り組んでいく。			

※「こ」…こども園

月	2月	3月		小学校　4月（1年生）～7月

<table>
<tr><td colspan="3">

幼児期の終わりまでに育ってほしい10の姿

な心と体　◯自立心　◯協同性　◯道徳性・規範意識の芽生え
生活との関わり　◯思考力の芽生え　◯自然との関わり・生命尊重
や図形、標識や文字などへの関心・感覚　◯言葉による伝え合い
な感性と表現

</td></tr>
</table>

◎生きて働く「知識及び技能」
◎未知の状況にも対応できる「思考力, 判断力, 表現力等」
◎学びを人生や社会に生かそうとする「学びに向かう力・人間性等」

教科等を通した学び	自覚的な学び

スタートカリキュラム

スタートカリキュラムのねらい

幼児期に身に付けた力を発揮して, 各教科等の学習に円滑に移行し主体的に学ぶことができるようにします。

学級の一員としての自覚をもって, 協同的に活動することができるようにします。

安心して学校生活をスタートし, 集団の中で自己発揮できるようにします。

できるようにします。

ようにします。

ジボール
式

の行事（お正月あそび・節分・ひなまつり他）

すぎないよう留意する。（健康な心と体）

るようにする。（自立心）

を味わう。見通しや振り返りを大切にする。（協同性）

の大切さについて考えられるようにする。葛藤場面には保育者が丁寧に

等を通して公共施設を大切に利用するなど, 社会とのつながりを意識でき

る。また, 友達の考えにふれ, 自分の考えを広げたり, 深めたりする。
覚）

つなげる。（自然との関わり・生命尊重）

刻に聞いたりする。（言葉による伝え合い）

することの楽しさを味わう。（豊かな感性と表現）

への期待）

入れ, 自分たちで生活を進めていけるようにする。

録の送付

学式・卒業式に参加

（縦書き）段差を減らした円滑な接続

S市のスタートカリキュラムでは,

「なかよしタイム」
「わくわくタイム」
「ぐんぐんタイム」

の3つの時間帯で編成しています。

なかよしタイム
　一人一人が安心感をもち, 担任や友達に慣れ, 新しい人間関係を築いていく時間

わくわくタイム
　生活科を中心とした体験的な活動を通して, 各教科等と合科・関連を図り, 主体的な学びをつくっていく時間

ぐんぐんタイム
　教科等の学習に徐々に移行し, 教科等特有の見方・考え方を身に付けていく時間

《こども園・小学校との連携》

・入学直後のなかよしタイムへの保育者の参加
・入学当初の授業参観と情報交換
・保育参観　授業参観
・子ども同士の交流
・職員の交流・連携

┌─────────────────────────┐
保護者の安心のために小学校とともに取り組むこと
◎保護者へ学校行事等の情報提供
◎おたよりや写真等で交流の様子やねらいを伝える
└─────────────────────────┘

2章

最高の教室をつくる

8つの

やまかん
メソッド

やまかんメソッド
8つの対応

✓ ガイダンスとカウンセリングの考え方を取り入れよう
✓ 学級づくりの基礎・基本を知り，手軽に活用しよう

やまかんメソッド① 児童理解の方法（見取り方）

児童理解はアセスメントの考え方で！

　4月の児童理解は，情報の収集（状況把握）から始まります。一概に児童理解といっても，実態把握（アセスメント）の方法は様々ありますが，私はカウンセリングや特別支援などでよく取り組まれているアセスメントの考え方で実施することがオーソドックスでよいと思っています。

アセスメントの意味

　アセスメント（児童理解）は，子どもにどのような指導・援助をするのかを決定するために必要な情報を収集・共有・判断・検証するプロセスと言えます。

　アセスメントは，様々な情報を共有し合いながら，
「現時点ではこういう状況かもしれない」
「このかかわり方が有効かもしれない」
という仮説を立て，実際の対応によってその仮説を検証，修正していく営みとしてとらえることができます。

　主な3つを紹介します。

▧ 行動観察法

学級内の子どもの行動を観察し，その記録を分析する方法です。行動観察では，できるだけ客観的な記録をとることが大切です。留意点としては，観察の視点を明確にすること，そのときの周囲の反応も観察すること，場合によっては頻度や間隔に着目すること等が挙げられます。

▧ 面接法（聞き取り）

保護者や本人，関係者から直接的に情報収集する方法です。相手との関係をつくりながら，傾聴・共感・受容といった態度で聞いていきます。「子どもを十分に伸ばすために，お互いに協力し合いましょう」（共感的な理解）という姿勢が大切です。

▧ 心理検査法

最近では学級集団と個人との関係を客観的に調査する方法としてQ−UやKJQ，アセス等の心理検査が開発されています。それらを活用して客観的なデータを収集し，子どもや学級の状態及び発達段階や特性を明らかにする方法です。集団意識調査や社会生活能力検査等，様々な検査があります。

アセスメントのためには，大きく分けて３つの分野の情報を集めます。

---

1 「その子ども個人」の情報
2 「その子どもを取り巻く他者や環境」の情報
3 「その子どもと他者や環境とのかかわり」の情報

それぞれのチェックポイントは次の通りです。

✓Check! 「その子ども個人」の情報

☐ 学習面，進路面，生活面において，よいところや苦しんでいるところは？

☐ どのような状況のとき，どのように感じ，考え，行動したか？（具体的に）

☐ 得意なことや興味があること，優れている点，ウリは？（強みと弱み）

✓Check! 「その子どもを取り巻く環境」の情報

☐ 家族構成や家族の特徴は？

☐ これまでの学校生活での特徴的なエピソードは？

☐ これまでに同じような経験は？　そのときの乗り越え方や有効だった方法は？

✓Check! 「その子どもと他者や環境とのかかわり方」の情報

☐ 問題行動が起こったり，継続したりする場面状況は？

☐ 誰が，どのようにその子どもをサポートしたり，力になれたりする？

☐ これまでのかかわりの中で，効果的だったことや役に立ちそうなことは？

情報の判断（対応方針の決定）

共有された情報をもとに，次のことをチームで判断していきます。
○誰が，どのようなときに，どのように「苦戦」するのか？
○誰が，どのような援助ニーズをもっているのか？（弱み，強み）
○どのような指導・援助方針や目標をもつか？

情報の検証（方針や対応の検討・修正）

　対応方針に基づいて実行策を決定し，さらにその検討や修正をしていく際のポイントです。

　①誰が，誰に，いつまでに，何をするかを決定し，実行する。

　②次回チーム会議の場で，うまくいった点，改善が必要な点，新たな方策が必要な点を話し合い，①の形で次の対応を実行する。

定点観察と移動観察を大切に！

　前述の視点は，毎日生活を共にしながら，徐々に理解していくことになりますが，毎日手軽にできることに「定点観察と移動観察」があります。

　筆者が銀行員時代に，窓口（テラー）を担当していたときに，自分から見えるお客様の様子と，ロビーから見られている自分たちや店内の様子の両面を見ることで，気づいてなかったことや気になったことを改善したという経験から実施したものです。

　定点観察は，教師が前に立ったときに見ている子どもの様子で，表情や気持ちを理解するのに適しています。

　移動観察は，意図的に子どもの横や後ろに行き，姿勢や手足の状態から様子を観察することができるものです。

　観察して疑問に思ったことや気になったことは，付箋紙にメモ書きして後で個人ファイル（ノート）などにまとめて使用します。

　その後，心理検査で疑問に思ったことの解決に役立てたり，必要な場合は，意図的に面接をしたりして，子どもの内面の理解に役立てることができるのでおすすめです。

やまかんメソッド② ルールづくり

生活ルール・子どもの内なる思いの表出

　学級のきまりや約束と呼ばれる規則的なものは，子どもたちが守らなければならない「表」のルールです。一方，低学年の学級づくりで大切にされる「生活ルール」は，担任と子どもたちで創り上げる「内」なるもので，学級の質を高めるものになります。俗に言う「学級の雰囲気づくり」です。

　私は２つの「じりつ」，「われわれ意識」の醸成，支持的学級風土，安心・安全・安定な「生活ルール」，失敗や間違いが許されることの５つが大切だと思います。

２つの「じりつ」

　学級経営の目標として肝心なのが，各々の学年ごとに子ども自身が「自立」することです。

　その前提に必要なのが，自分を律する「自律」だと私は思います。自律とは，他からの支配や助力を受けず，自分の行動を自分の立てた規律に従って正しく規制すること（三省堂大辞林）です。

　学級の状態の一つで「管理型」「なれあい型」の学級風土があるとすると，２つの「じりつ」は成立しません。なぜならルールが教師からの一方的な指示（力関係）であったり，規範意識が育ちにくい環境（気さくな友達関係）であったりするからです。

「われわれ意識」の醸成

進級の喜びや不安の解消を基盤に据えた学級経営で大事なことは、「ルールとリレーションのバランスのとれた学級経営を心がける」ことです。

低学年になると、学校生活に少しずつ慣れてくるので、周囲の子にも目がいくようになります。友達関係は近所の子や幼稚園・保育園が同じだった子など、限られた子が多いです。学級では、座席が隣になった子や給食・掃除当番が同じ子などです。2年生ぐらいになると学級も意識するようになります。

支持的学級風土とは

支持的学級風土とは、学級の子どもたちが感じ受容する、教室を支配する雰囲気をさす言葉です。風土は、集団の雰囲気のことで、学級におけるよき風土づくりが学級経営上の切実な課題になります。

この風土は、防衛的風土と支持的風土の2つに分けられ、前者が、拒否的、攻撃的、対立的な集団関係にあるのに対して、後者は、親和的、許容的、安定的な集団関係を助長し高めるといわれています。学級の子どもたちにとって望ましいのは、支持的風土の支配する環境が整えられた状態だとされています。

安心・安全・安定な「生活ルール」

低学年の子どもたちが、不安や悩みを感じることなく生活できる学級を創り出すことが生活ルールの鉄則です。私の考える生活ルールのベースは次の3つです。

①どの子どもにとっても居心地がよい学級風土（安心）
②失敗や間違いが気持ちよく受け入れられる学級風土（安全）
③学び合いのある風土（安定）

〔子どもたちへの具体的な提案例〕
①クラスのみんなが，いつも笑顔でいる。
②「失敗」や「間違い」を笑ったり馬鹿にしたりしない。
③困ったときに助け合う。

失敗や間違いが許される？

　人と人の間（人間関係）には，失敗や間違いが起きる場合もあるということを認識した上で，ルール上の多少のゆるみがあると，一定の心理的距離を保つことができると思います。それが友達関係での信頼感や関係性を保ちます。
　〔合言葉の例〕
　教室は失敗してもいいところ・勉強をまちがえてもいいところ

低学年の生活ルールチェック例

Check! 生活ルール～道具・教室環境編

☐ 靴箱（かかとをそろえて入れる）

☐ 傘立て（しっかり巻き付けて開かないように）

☐ ロッカー（入れる物と入れ方を決める）

☐ 帽子掛け（上下左右で互いに気を遣う）

☐ 共用の道具〈マジック・鉛筆削り等〉（位置を指定する・向きをそろえる）

☐ 給食着掛け（番号順になっている）

☐ 掃除ロッカー・雑巾掛け（整えて置いてある）

_{Check!} **✓ 生活ルール〜メンタル編**

☐ 給食・掃除は全員が主役（当番だけでなく，仕事分担がない人も共に働く）

☐ 係活動（やったことへの評価をもらう）

☐ 朝の会・帰りの会（一日の生活の様子がわかる／不満や苦情はその日の うちに解決・解消）

☐ 言葉遣い（原則は敬語と丁寧語）

☐ いじめはないか（しぐさや言動）

_{Check!} **✓ 学級のルールづくりのポイント**

☐ 学校・学年のルールと整合性が保たれているか

☐ 子どもが，学級を良くするための必然性を感じていることをルールとし ているか

☐ 子どもの成長に合わせて，学級のルールを見直す話し合いの機会を設け ているか

☐ 叱るときに明確な基準を設けているか
（例えば，けがや命の危険につながる行為をしたとき・悪口や嫌がらせな ど，いじめや差別につながる行為をしたとき・同じことを3回指導され ても改善しないとき）

☐ ルールを守ることの大切さに気付かせる活動や言葉がけをしているか

　行事等を通して子ども一人一人が自分自身の成長を実感したり，学級や学 年のまとまりを感じたりするなどして「われわれ意識」を育むことができる ようにさせたいものです。

やまかんメソッド③ リレーションづくり

子どもはよい集団の中でこそよりよく育ちます！

　よい学級集団には，ルール（規律）とリレーション（親和的な交わり）が
バランスよく保たれています。ルールの確立とは，対人関係における約束や
集団での活動の仕方が全員に理解され，行動として学級内に定着しているこ
とです。

　一方，リレーションの確立とは，ふれあいのある本音の感情交流がある状
態のことをいいます。

　よって，学級集団に支えられて個が育ち，個の成長が学級集団を発展させ
るという相互作用により，子ども一人一人が大きく成長します。

　ルール（規律）には，「共有する目標や約束事がある」「一人一人に役割や
役割意識がある」「その学年・学級に応じた秩序がある」の３つが必要です。

　リレーション（親和的な交わり）には「互いに認め合う関係がある」「互
いに助け合う関係がある」「本音の感情交流がある」の３つが必要だといわ
れています。

エンカウンターをやれば解決？

　リレーションづくりの代名詞といえばエンカウンターです。前述のように
エンカウンターは，用意されたエクササイズを実施し，その後にシェアリン
グを実施することで，リレーションを促進するといわれています。全国の教
育現場や学校等で認知され，それぞれ実績を上げています。

　かくいう筆者も，エンカウンターを学び，実践し，その成果やよさを，書
籍（※参考にできる図書参照）や研修会，セミナーなどでお伝えしてきました。

　そこでよく質問されることに，「リレーションを促進するのに有効なエン
カウンターは，何年生で実施するのが大切ですか？」というものがあります。

多くの方は高学年で実施することがよいとお考えのようですが，「体を使ったりするようなゲーム性の強いものであれば低学年からでも可能です。心ほぐしミニゲームは，そのような視点で開発しています」と返答しています。

学級の実態＋教師のかかわり方

下図は，ルールとリレーションの関係を，指導性と援助性の大小で表した図です。

「ルール・指導性」が大きい場合は，教えることが多くなり，教師の積極的なかかわり方が自然に増えることになります（タテの関係）。

一方「リレーション・援助性」が大きい場合は，任せることが多くなり，教師のかかわりは少なくなり，メンバー中心のかかわり方が増えることになります（ヨコの関係）。

図からわかるように，指導性と援助性が統合されて発揮されることで，それぞれの学級の実態に応じて軽重のバランスを考えることが大切であると思います。

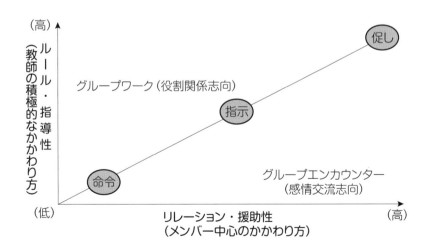

カウンセリングの考え方では，教師がリーダーシップを発揮する内容は，場面によって変わってくるという意味があり，グループワーク（役割関係志向）とグループエンカウンター（感情交流志向）の２つに分けて考えられることもあります。

　指導も援助も実態に応じて対応すればよいので，中間反抗期の対応を考えると，低学年はゲーム性の強いエクササイズ（心ほぐしミニゲーム等）をルールを尊重しながら取り入れることで心が育ち，メンバーみんなが感情を共有することにつながります。

低学年のリレーションづくりのポイント

　リレーションづくり（親和的な交わり）には，「互いに認め合う関係がある」「互いに助け合う関係がある」「本音の感情交流がある」の３つが必要だと前述しました。

　では，低学年では具体的にどのようなことに配慮して実践するとよいのでしょうか。

　子どもが学校で最も長い時間を過ごすのは授業時間です。日々の授業で取り組める，低学年の子どもに合ったリレーションづくりのポイントを紹介します。「担任自身のかかわり方の配慮」「環境設定の配慮」「エクササイズやゲーム，レクリエーションを実施する」の３点です。

担任自身のかかわり方の配慮

・発言やがんばり，よさを多面的に認め，紹介する
・目立たない子の意見も意図的に取り上げる
・間違った答え，失敗した言動も大事にする
・友達の意見にうなずいたり拍手したりするよう促す

環境設定の配慮

・自分の考えをペアやグループ内で発表する活動を多く取り入れる
・授業の最後に，わかったことや感想，なるほどと思った友達の意見を言う振り返りの場を設定する
・朝の会・帰りの会で，子どもたち同士が認め合える場を設定する
・一人一人に役割のある班活動や当番を取り入れる　等

エクササイズやゲーム，レクリエーションを実施する

　学級活動を利用して，学級の楽しいイベントを子どもたちの手で企画させたり，授業の導入，朝の時間・帰りの時間などを利用してゲームやエンカウンターのエクササイズに取り組んだりすることもリレーションづくりに有効です。ショートやミニ（短時間）で実施することもおすすめします。
　　・質問じゃんけんやサイコロトーキングなどのエクササイズ
　　・グループ対抗○○合戦やビンゴ等（学習ゲーム）
　　・学級○○大会（集会やイベント）

〔参考にできる図書〕
・國分康孝監修，八巻寛治他編集『エンカウンターで学級が変わるショートエクササイズ集パート１／パート２』図書文化
・八巻寛治『構成的グループエンカウンター・ミニエクササイズ56選　小学校版』明治図書
・八巻寛治『小学校学級づくり　構成的グループエンカウンターエクササイズ50選』明治図書
・八巻寛治『心ほぐしの学級ミニゲーム　Part２　みんながなかよくなれる学級ゲーム』小学館
・八巻寛治『エンカウンターの心ほぐしゲーム』小学館

やまかんメソッド④ 適切なトラブル解決・課題解決（集団の課題）

意識のずれの解消を基盤に！

低学年のこの時期に多いトラブルの特徴はありますか？
低学年では，どのようなことに気を付けて対応するといいですか？

　学級内で起こる様々なトラブルは，解決が急がれる場合が多いですが，子どもたちが成長するチャンスととらえることもできます。

　子どもが自らの力で，クラスで団結して，トラブルを解決できれば，それは課題解決における「主体的で対話的な学び」として実践できます。

　冒頭で紹介したように，低学年は中間反抗期といわれるものがあり，友達と仲良くしようと自分なりに努力してルールの意識を高くもっても，ふれあいが低い場合，不安や不満が残りやすくなります。

　多くの場合，お互いの意識のずれが原因である場合が多いので，進級の喜びを維持しながらも，安心して登校できるような，不安や悩みの解消を基盤に据えた学級経営を行っていきましょう。

トラブルから学ぶ＝ターゲットスキルの発見

　トラブルと聞くと，問題のある学級と思われないか不安になり，慌てて対応・対処しなければならないと考えがちですが，低学年ではあって当たり前，「想定内」ととらえましょう。逆に，そのトラブルがクラスのターゲットスキルと思うと指導の方針が定めやすくなります。

　よい学級とは，問題のない学級ではなく，「問題を自分たちのこととしてとらえ，どのように解決できるか」にあります。「失敗」や「間違い」は，自分たちにとって新しい課題であることを認識できるように配慮しましょう。

活動1：「貸し借りで起こるトラブル」

ねらい　友達との貸し借りで起こりがちなトラブル場面をもとに，貸した側と借りた側の間に意識の違いがあることや，伝え方が適切だとトラブルになりにくいことに気づくことができる。

問題の意識化

(1)　忘れ物をしたときに，「貸し借りで起こるトラブル」があることを振り返る（筆記用具等）。

〔絵具セットの貸し借りエピソードの例〕

・いつも忘れて借りに来る

・使って汚したまま返されるので自分が使うときに気持ちよく使えない

(2)　貸してあげる役Bと借りる役Aになって，「絵具セットの貸し借り」をテーマにシナリオロールプレイする。

〔状況設定のシナリオ例〕

　Aさんは，図工の時間に絵具セットを忘れてしまうことが多いので，幼なじみの隣のクラスのBさんのところに借りに来る。

　最初の頃は仕方なく貸していたBさんだが，Aさんが使って汚したまま返すので，Bさんが使おうとしたときに使えなくなってしまった。

　何度か気を付けるように言ったが，相変わらずそのまま返してくる。Bさんは，Aさんを傷つけないように言いたいと思っているのだが……。

※A，Bのやりとりを中心に，観察者的な立場で二人の気持ちを理解できるように配慮する。

(3)　ロールプレイの様子から，気づいたことや感じたことを発表する（ロールプレイして，ロールプレイを見て）。

(1) トラブル場面のロールプレイから，B役の立場で，相手にわかりやすく気持ちを伝えるにはどのようにしたらよいかという視点で，気づいたこと，感じたこと，提案したいこと等を振り返り発表する。

(2) 出されたことをもとに，自分だったらどのように伝えるかを自己決定する。「自分もよく相手もよい解決の方法」を確認し，ロールプレイする。
※主張的に相手に気持ちを伝える方法がよいことを確認する。

(3) 「トラブル解決」のためのポイントをもとに，やった活動2が活動1とどのように違っていたか，話し合いで出た気づきや感想，実感したことを発表しあう。

活動2：課題解決のロールプレイ「質問する」

ねらい 相手の感情を知って折り合いをつける。

インストラクション

教　師 昨日の学級活動の話し合いの時間に，B君が質問されたときに，Aさんと口げんかになってしまいましたね。「質問」にはどのようなものがあるか知って，お互いのためになるようにしましょう。

B　君 ぼくはAさんから質問されたときに質問と言いながら，それはダメだと言われているような気がしました。

Aさん 私はそんなつもりはなくて，どうしてそう考えたか聞きたかっただけでした。B君が涙目になってびっくりしました。

教　師 AさんはB君の気持ちを聞こうとしたようですが，自分の考えが入っていて，B君の考え方について触れていました。そうなると相手は非難されているように感じてしまう場合もありますよね。
そうならないような質問の仕方を学びましょう。

(1)　「質問」の種類と仕方を覚える。

　　　質問には「ハイとイイエ」や一言で答えられる質問と，相手の気持ちを
　　知る質問がある。

　　　相手のことを知るための質問としては「もう少しくわしく言うと？」
　　「例えばどういうこと？」などの促し方がある。

(2)　代表児童がロールプレイをする。

Ａ　役　　Ｂさんに質問します。みんなで休み時間に遊ぶということですが，
　　　　　どうなると成功したことになるのですか？

Ｂ　役　　遊びたいことをみんなからアンケートして，やることを決め，ルー
　　　　　ルも決めます。やってみて振り返りをして全員満足したら成功です。

(3)　ロールプレイを見て振り返り，自己決定する。

子ども　　質問はただ聞けばよい，簡単だと思っていましたが，相手の考えを
　　　　　否定したりしてしまうことがわかったので，気を付けて使いたいと
　　　　　思います。

やまかんメソッド⑤ 適切なトラブル解決・課題解決（個別の課題）

対人関係でトラブルが多い子

　低学年の学級の中には，自分の立場ばかり主張してしまう子，こだわりが強く周りを認めようとしない子，場の雰囲気が読めず浮いてしまう子，相手の気持ちを理解しようとしなかったり，理解できなかったりする子等のような，個性的な言動をするように見えてしまう子がいます。

　場合によっては，自己中心的，わがまま，自分勝手等と否定的な見方をされてしまう子どもたちもいます。

　実は，このような言動は，まだ発達途上にある低学年の子どもたちにとって，極めて重要なサインとしての表現なのだということが，往々にしてあります。

　序章の図でも触れたように，幼児期に目覚めた自我は，３・４歳頃に「決まり事」「約束事」として生活する上でのルールを把握し，安全・安心な環境にするために必要なことと理解しはじめます。

　「〇〇してはいけない」「〇〇はダメなんだよ」のように，ルールがある中で生活する経験をしていくと同時に，周囲に許容される範囲や相手との関係性（リレーション），心理的な距離を少しずつ学んでいきます。

　自我は，自分の存在を確認することや，自分に自信をもつことを通して，苦手な学習や生活場面にも進んでチャレンジしようとするやる気や意欲をもつきっかけになるほか，学習や行動の間違いを修正する力の発揮にもつながります。

　低学年でも，幼児期後半（４・５歳児）の延長線として，自己主張が強すぎてトラブルになる子が多いのですが，やがて学校生活に慣れるとほとんどの子が相手との関係性を把握できるので，落ち着きが見られるようになります。

　反面，いつまでも自己主張傾向が強く，些細なことでも友達とトラブルを

繰り返す子もいます。ほとんどの場合，行動面での幼さが指摘され，「相手の気持ちをもっと考えなさい！」という指導を受けるようです。

　休憩時間の直後，いわゆる授業の導入前の時間に，このような場面によく出くわします。先生は戒めの気持ちを込めて多少厳しめに，そして本人が納得した（ように見えた）のを受けて授業が始まります。ところが，またしばらくすると同じような場面があって，同じように注意を受けてしまうのです。

　当事者同士を呼んで，クラスのみんなから少し離れたところで言い分を聞いているような場面を見かけることもあります。でもなかなか互いの意見の食い違いが埋まりません。次第に授業の遅れを気にし出した先生が，たまらず「双方痛み分け」の裁定を下します。納得させたように見えて，実は互いの気持ちにさらに火をつけていた……なんてことも珍しいことではありません。

リフレーミングで子どもの姿を肯定的にとらえよう！

　心理療法の一つに「リフレーミング」があります。

　リフレーミングとは，ある出来事や物事を，今までとは違った見方をすることで，それらの意味を変化させて，気分や感情を変えることです。

　例えば，授業中に失敗したときに「自分はダメだ」と見るか，「次のためによい経験をした」と見るかで，感じ方が変わります。心理療法のほかに，学校の授業やライフスキル教育などでも活用されています。

対応の具体例：リフレーミングで子どもの見方を変える

「行動の背景」を考えてリフレーミングしてみましょう。

些細なことでけんかをしてしまう

登校前に父親から強く叱られた？
自分の思いを言葉でうまく伝えることが難しい？

授業中にたびたび立ち歩いてしまう

注目してほしい？　授業内容がわからない？

授業中うわの空でいることが多い

聞いて理解するより見て理解するほうが得意⇒視覚支援の活用

　さらに個別の課題・個人的な課題に対応するには，下記を参考に「解決志向アプローチ」を使ってみましょう。

【解決志向アプローチの基本哲学】
　1　もしうまくいっているのなら，それを直そうとするな
　2　もし一度うまくいったのなら，またそれをせよ
　3　もしうまくいかないのなら，なにか違うことをせよ

　具体的には「ソリューション・イメージ」「リソース探し」「とりあえず探し」の3つを使用することが多いと言えます。

◪ ソリューション・イメージ（解決像）

　・過去思考→未来思考への変化

　・問題ばかり見る→解決策を考える変化

　・うまくいかない自分→うまくいく自分を見つける

◪ リソース探し

　・ないものから→あるものへの視点の強化

　・弱みから→強みを見つける

　・今の悪循環を見る→かつての良循環を探す

◪ とりあえず探し

　・やらないこと→やることを探す

　・できないこと→できることを探す

　・やりたくないこと→やってもよいことを探す

　3つの質問から得られる変化で，うまくいく対応の仕方を目指していきましょう。

やまかんメソッド⑥ カウンセリングスキルの活用

カウンセリングの三技法を駆使して合意形成

　学級活動の話し合い活動や道徳の授業，トラブル場面などでは，解決策の提案理由やそれぞれの主張を踏まえ，自分もよくみんなもよいものとなるよう合意形成を図り，決まったことをみんなで協力して実践できるように適切な指導をすることが大切だといわれています。

　低学年になると，自己主張できる時期でもあり，折り合いを付ける話し合いにもっていくのはなかなか難しくなります。

　私のおすすめはカウンセリングの３つの技法（傾聴・応答・質問）を順序に従って使用し，合意形成することです。

　第一段階の「傾聴技法」では，提案者の気持ちを "わかろうとする" こと，第二段階の「応答技法」では，"わかったことを伝える" こと，第三段階の「質問技法」では，"さらにわかろうとする" というプロセスを経ることです。

　低学年の場合は教師がモデルとなって示してあげることもポイントです。

話し合いにおける「傾聴」の意図と効果

　傾聴技法は，相手の話に関心をもち，相手の話に意識を集中して，自分の主観や価値判断の表明は後回しにして，相手の身になって理解しようとすることです。

　効果としては，「自分の話をじっくりと聞いてもらえることで，心が落ち着き，安心する」「相手と心理的な距離が縮まった感じがする」「しっかり聞いてもらえることで，相手に大切にされていると感じる」「自分は自分でいいんだと思うことができる」などがあります。

話し合いにおける「応答」の意図と効果

応答技法は，相手の経験したこと，感じていること，望んでいることなどを，できるだけ的確にとらえること，そしてそれを相手に伝え返して確認することです。

効果としては，「話を聞いていること，理解していることを相手に伝えることができる」「話したことや自分の気持ちをわかってもらえることで，励まされた，受容されたと感じることができる」などがあります。

話し合いにおける「質問」の意図と効果

質問技法は，相手の言いたいことをはっきりさせたり，考えを導いたりするもので，質問すること自体が"援助"にもなりえます。

効果としては，「気持ちをよりはっきりさせることで，主張したいことに気づく」「相手を理解しようとする積極的な関心を示すことになり，疑問や不安を解消するのに役立つ」「自分の考えや気持ちに気づき，整理できる場合もある」などがあります。

右図は，合意形成を意識した「対立解決モデルの概念図」です。

合意に至らない場合，右下の「あきらめる」，左上の「戦う（対決する）」，中には左下の「逃避する」ケースも出てくるかもしれません。

そのような話し合いになると，関係性ができていない場合「自分が言っても取り上げられない」「自分の居場所がない」などと不満を感じやすく，低学年では自ら発言しなかったり，他者任せになってしまったりする場合もあるので，気を付けて指導に当たりたいものです。

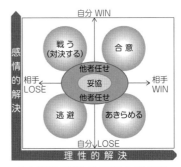

対立解決モデルの概念図（八巻案）

相手の気持ちを「聴く」ミニゲーム：「相手の考えを知り，折り合いをつけよう」

ねらい　学級内で起こりがちな「掃除当番をさぼる人がいる」ことを題材に，「聴く」ことを通して級友のとらえ方に気づき，解消のスキルを身に付けることができるようにする。

身に付く力　他者への肯定的な理解

ミニゲームのやり方

(1)　掃除の時間にもめてしまった場面で，互いの言い分や不安・不満な気持ちを知り，相手の話を「聴く」ことを通して，互いの心情に気づきやすくするように，傾聴→応答→質問の技法を使って取り組む。

(2)　教師がインタビュー形式で「聴く」モデルを示す。

【傾聴】

・Aさんは，掃除のときにBさんとCさんがしゃべっているのは，掃除をさぼっているんじゃないかと思ったのですよね。

・BさんとCさんは，自分のやることが終わったから，おしゃべりをしていてもいいと思っていたということですね。

　　※それぞれの言い分を聞く。

【応答】

・Aさんは班長として，掃除のときに自分のことが終わったら，終わっていないところを手伝うべきだと思ったのですよね。

・BさんとCさんは，自分の分が終わったのだから，みんなが終わるのを待っていていいと思っていたのですよね。

　　※自分の気持ちや考えを受容してもらっていると気づく。

【質問】

・みなさんはAさんの立場で，BさんとCさんの気持ちを聞いて，どう思いましたか？

・BさんとCさんの立場になるとどのように思いますか？

　　※当事者同士に相手の立場で聞くことも有効。

※折り合いをつけることが大切であることに気づく。

・Aさんは，みんなの考えを聞いてどう思いますか？

・BさんとCさんは，みんなの考えを聞いてどう思いますか？

※当事者に折り合いをつけさせたり，解決に向けて促す。

(3) 不安や悩みを解消する手順を確認する。最初から自分の考えや意見を言うのではなく，「傾聴」「応答」「質問」の順で聞く（気持ちを確認する）ことで，それぞれの言い分を整理しやすくなることを確認する。

(4) やり終えたら，全体で振り返りをし，今後自分はどのようにするか自己決定する。

　教室内で起こりがちなトラブル場面では，当事者双方が主張し合う中で，自分の考えを承認してほしいと思いがちです。一連の流れを経ることで「承認されない不満」への効果が有効になりやすいです。

> **Point**
> ○ありがちな生活場面のトラブルを通して，不安や不満をいったん受容して話し合いをすることで，共感的に理解してもらっていることに安心感を得やすい。
> ○場面の状況確認から，互いの「言い分」と「言い訳」の違いや生活ルールを確認して今後に生かすことを実感できるので，不満が残りにくい。

〔参考文献〕

・八巻寛治『社会的スキルを育てるミニエクササイズ基礎基本30』明治図書

やまかんメソッド⑦ ユニバーサルデザイン

ユニバーサルデザイン7つの視点

　「すべての子どもが尊重される学級経営」を目指すために，子どもを深く理解することが，適切な支援につながることは言うまでもありません。ユニバーサルデザインでは，次に挙げる「7つの視点」を主な実践課題とすることが大切だとされています。

　1　教室環境への配慮

　2　わかりやすい学習や生活のきまりづくり

　3　友達とのよりよい関係づくり

　4　授業構成の工夫

　5　教師の話し方，発問や指示の仕方の工夫

　6　板書，ノートやファイルなどの活用

　7　教材・教具の効果的な選択

　7つの視点に即して授業づくりや学級づくりをしていけば，個性豊かな低学年の子どもたちでも，心地よく一緒に生活したり学習したりすることができます。スタートカリキュラムを意識して，ほどよくかかわれるようにしたいものです。

　配慮のある指導で，一人一人の子どもが自分の「心の居場所」を見つけ，お互いに認められる安心感を実感することができます。ご自身でできることから実践していきましょう。

安心できる，居心地のよい学級づくり

　「安心で，居心地のよい学級づくり」とは，集団で生活する子どもたちに

とって，わかりやすく目的意識をもって生活していくことであると思います。
　低学年では，次の2点を重点にすることをおすすめします。

> ・一人一人の子どもが目的意識をもてるよう，学級の目標やルールを
> 　わかりやすく示す
> ・一人一人が活躍できる機会をつくる

　教師と子ども，子ども同士の人間関係を促進する手だてを積極的に考え，
日頃のかかわりの中で子どもにできるだけ多くの肯定的メッセージや励まし
の言葉をかけていくことが大切です。
　「安心できる，居心地のよい学級づくり」のために大切なポイントを紹介
します。

学級の生活ルールの明確化

　支援を必要としている子どもにとって，「何をしたらよいかわからない」
環境は，居心地が悪く不安であり，悩みを増幅させ，生活を困難にさせてし
まうことが予想されます。すべての子どもたちにとって生活ルールは，安全
で安心して過ごすためには必要なものです。

生活ルールは見える形で示す

　生活ルールを示す際は，口頭だけだと必要な情報が消えていき，聞いて理
解するのが苦手な子どもにとっては守ることが難しくなります。そこで，毎
日繰り返される係活動や清掃，当番活動，学習の準備などでは「何のために，
何をどこまで，どのようにすればよいか」という目的と方法，始まりや終わ
りの時間など，集団生活でのルールを文字や絵で明確にしておくことが大切
です。
　例えば清掃では，清掃場所，分担，範囲，道具，手順，終了及び後片付け

の確認方法などを，絵や文字，写真などで提示しておきます。この支援はどの子どもにとってもわかりやすく，目的を意識し主体的に活動することができます。また，支援が必要な子どもが困っている際にも，視覚的支援があると，どこまで理解していて，何に困っているかを把握することができます。

ルールを守ろうとする意識を育てる

ルールは学級の子どもたちが心地よく過ごすために必要なものです。しかし，守ることだけを強く意識すると，できない子どもは集団から外れた子としてとらえられがちです。例えば，チャイムがなってもまだ廊下にいる子に対して，教室に入れるよう学級の子どもたちがカウントダウンをして席につくことを促し，「みんなが待っているよ」というメッセージを送るなどの工夫も大切です。そしてルールを守ろうとしている姿を認めることで，集団の一員であることとルールの大切さを意識できるようにしていきます。こうした支援は低学年のうちから行い，定着を図りましょう。

どの子にもわかりやすい教室環境づくり

子どもたちが毎日生活し，学習する場所である教室では，給食や清掃，係活動など視覚的に提示しておく必要のあるものがたくさんあります。

しかし，学習の際には，黒板のある教室前面にいろいろなものが貼ってあったり物が置いてあったりすると，視覚的な刺激が入りやすい子どもにとっては，どこに注目したらよいかわかりにくく，集中して学習することが難しくなりがちです。そこで，誰もが安心でき，落ち着いて暮らせるためにわかりやすく，整然とした教室となるような工夫をしましょう。ここでは筆者の学校で見つけた教室環境の工夫をチェックリストにしてみました。

Check! 教室内壁面等

- [ ] 教室前面の黒板の上の壁面には，必要なものだけを掲示している
- [ ] 黒板の両サイドの壁面には，時間割など年間を通して必要なものだけを掲示している
- [ ] 教室前面には，提出物のかごなど，必要なものだけを配置している
- [ ] 教室後方の壁面は活用の仕方が決めてあり，作品を整然と掲示している

Check! 日程や予定

- [ ] 一日のスケジュールは確認しやすいよう，教室の前面の黒板や定位置に配置した補助黒板に，必要に応じて写真や絵で教科や場所を示している
- [ ] 時間割は文字と絵，教科別の色分けなどの工夫をし，わかりやすい配慮をしている
- [ ] 校外学習や学習発表会などのスケジュールや学習内容を掲示する場所が決めてある

Check! 当番活動

- [ ] 給食，掃除などの当番は，手順や内容，担当者がわかるよう顔写真などで示している
- [ ] 掃除用具入れには，用具の数や置き場所を文字や絵，数字などで示し，片付け方がわかるように配慮している
- [ ] 掃除の手順支援として，床や壁面に「何をどこまでするか」をマークや文字で表示している（掃除箇所の範囲，始まりと終わりなど）
- [ ] ゴミ箱は，分別の種類を絵や文字で表示している

Check! 個別支援・配慮

- [ ] 必要に応じ，クールダウンエリアを設置するなど，落ち着ける場がある
- [ ] 座席の配置は，支援が必要な子の状態を配慮できる位置にしている

やまかんメソッド⑧ 保護者対応

共に育てる "共育て" の感覚で！

　私たち教師は，教育のプロであるという視点で考えると，評価を受ける必要があります。評価者は子どもたちであり，保護者でもあります。

　特に保護者は，私たちに対して，一定の教育活動や，子どもたちにどんな力がつけられたかを評価することになります。

　よって，様々な方法で保護者に対して説明をして同意を得ること（インフォームドコンセント）と説明責任（アカウンタビリティ）を求められることになります。

　その意味で，保護者は私たち教師の日常の教育活動のよりよい改善点を，具体的に教えてくれる存在です。教師と保護者は共通認識をもって子どもたちの成長を援助することが求められます。

　子どもの課題解決や問題解決を通して互いに成長する立場にもあるということも認識し，共に育てる "共育て" の感覚で連携していきたいものです。

クレームは期待の裏返し？

　保護者から連絡がある場合，事務的な連絡以外の多くは，我が子や知り合いの保護者などから聞いたことに対しての様々な要望や要求，疑問や苦情などであり，電話や直接会いに来るなどのケースもあります。

　それぞれのケースの立場や状況を確認してみると，保護者が学校や教師に対し困ったことを訴えたり相談したりする背景には次のことが考えられます。

　　・困っていることを確認・相談することで，現在ある自分の不安な状況を
　　　解決・解消したい。
　　・悩みや問題に対応・対処し，しっかり解決することで，子どもが安心し
　　　て学校に通える保証を得たい。

一見クレームに感じるような内容ですが，子どもの行動様式の変化や社会環境の変化，保護者の価値観の多様化などもあるので，我々教員に向けた期待の裏返しと思い，しっかり応え，きちんと対応，説明していきたいものです。

低学年の保護者の思いや願い

低学年に限らず，ほとんどの保護者の思いや願いは，安全で安心な環境で生活できることを前提に，「勉強がわかること」「友達とよい関係でいること」「先生とよい関係でいること」の3点がポイントになると思います。

低学年の保護者の，主な思いや願いを聞いてみましょう。

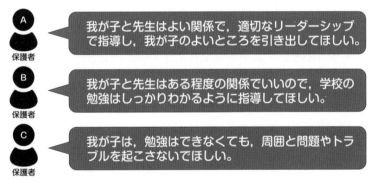

担任としてはAさんのような前向きな願いをもってほしいですが，Bさん・Cさんのように思う方も出はじめます。そのためにも，しっかり関係性をつくり，説明責任を果たしたいものです。

説明責任を果たすために

カウンセリングでは，「人は問題を解決する過程で成長する」と考えられています。保護者対応もそれをベースに考えてみましょう。

教師と保護者が子どもの成長のために共通理解をし，それぞれ何ができるか，しっかり現状を把握した上で，対応・対処したいものです。

　右図は保護者対応の基本モデルです。ベースには「①保護者と教師のリレーション」があります。「②課題は何かを把握」します。その際，保護者と教師それぞれで考える課題を確認した上で「③解決に向けての作戦会議」を開くという一連のモデルです。

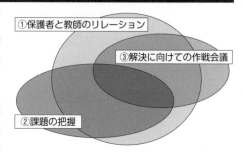

保護者対応の基本モデル

　電話対応でも，面談や家庭訪問でも，保護者に対応する際には，保護者と教師のリレーション（関係性）がどの程度とれているかによって，その後の対応の仕方が変わってきます。

　前述の保護者の思いや願いを例に，対応の違いを紹介します。

▨ 保護者Aさんへの対応

①保護者と教師のリレーションづくり

　ある程度信頼を向けてもらっている関係であれば，担任としての考えや気持ちを自己開示するとよいです。担任がどのような人間かがわかったほうが保護者は心理的な距離を近く感じ，相談しやすくなります。

②課題は何かを把握

　こちらが把握した事実を伝え，それについて意見や考えを述べてもらいます。信頼をベースにしているので，共感的に理解しやすい関係になっています。

③解決に向けての作戦会議

　担任としては何ができるか，保護者として何ができるかを，具体的な手立てとして相互に提案します。いつまで，どのように解決するのがゴールかも確認しましょう。

▧ 保護者Bさんへの対応

①保護者と教師のリレーションづくり

あまりリレーション（関係性）がとれていない場合，「担任の教育理念」や「保護者や家庭の協力がほしいこと」を伝えます。その上で，今回の対応で子ども同士の関係をどのようにしたいのか，願いも伝えましょう。

②課題は何かを把握

子ども同士のトラブルに関心がない場合が考えられるので，どのようなことで困っているのかをエピソードを交えて伝えましょう。

③解決に向けての作戦会議

解決に向けての，保護者と教師のゴールイメージをしっかり共有し，うまくいったことを個人情報に配慮して学級便り等で知らせます。

▧ 保護者Cさんへの対応

①保護者と教師のリレーションづくり

傾聴技法を使い，保護者の思いや願いの本意を聞き出すことから始めましょう。ある程度の関係ができればAさんへの対応の流れで対応できるようになります。

②課題は何かを把握

保護者からの聞き取りの仕方や連絡の仕方に配慮して対応しましょう。我が子への否定的なとらえ方がある場合，リフレーミング（事実に対する意味づけを肯定的に変える）などが効果的です。

③解決に向けての作戦会議

若手の教師の場合，自分一人で抱え込まず，チームで対応するように動くことも大切です。

3 章

やまかんメソッドを生かした

365 日の
学級経営

児童理解

"3つの目" と "3つのみる" で児童理解

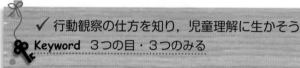

✓ 行動観察の仕方を知り，児童理解に生かそう

🔑 Keyword　3つの目・3つのみる

4月の児童理解のおすすめ：行動観察法

　児童理解の方法には，3つの観察法（p.52参照）が有効ですが，その中でも低学年の4月には行動観察法がおすすめです。

　行動観察法とは，学級内の子どもの行動を観察し，その記録を分析する方法のことです。行動観察では，できるだけ客観的な記録をとることが大切です。留意点は，観察の視点を明確にすること，そのときの周囲の反応も観察すること，場合によっては頻度や間隔に着目すること等が挙げられます。

　教師は，子どもの心の状態や気持ちの変化を読み取り，わずかな変化や違いに気付く観察力を磨き，問題が複雑かつ解決困難になる前に早期発見・早期対応していくことが重要になります。

記録をとるときのポイント

〈その子ども個人の情報〉

・学習面・生活面において気になる点や苦戦しているところ

・どのような場面（の状況）のときに，どのように感じ，考え，行動したか

・得意なことや興味があること，優れている点は何か

〈その子どもを取り巻く環境〉

・これまでの学校生活での特徴的なエピソード

・家族構成や家庭の特徴　・習い事，下校後の生活の様子など

子どもを理解するための "3つの目" と "3つのみる"

　子どもを理解するための3つの目（鳥の目，虫の目，魚の目）とは，"鳥の目" のように全体を俯瞰してみる目，対象に近づいて複眼で様々な角度から物事をみる "虫の目"，物事の動きや人々の動きなどを流れとしてみる "魚の目" のことをいいます。

　学級づくりにおいても，全体を把握したり，個別に観察・面談したり，時には子どもたちの動きを客観的な視点で観察し，流れを把握するのに使えます。「木を見て森を見ない」のことわざのように，TPO に応じて適切に使い分ける必要があります。

　"3つのみる" とは，視覚を働かせて，ものの存在・形・様子・内容をとらえ，目で認めるための「見る」，周囲をじっくりみたり，見渡したりするときの「観る」，視覚に限らず広く感覚を働かせて，調査するように探りとらえる「視る」があるといわれています。

　「見る」は，広い意味で観察することです。子ども一人一人の日頃の言動や人間関係，授業中の態度や様子を理解するために教師の主観をもとに事実を理解する際に使います。

　「観る」は，ある一定の基準や規準をもとに，そのものに集中してじっくり客観的な視点で理解することをいいます。その場の雰囲気などを理解する際にも使います。

　「視る」は，明らかにしたいところを決めて理解を確かなものにするという子ども理解の視点をもつことで，傾聴・共感・受容といった態度（共感的な理解）をとる姿勢が大切です。低学年では，感情的に泣いたり怒ったりすることもありますが，自分で説明できないこともあり，それらを予想して理解することも含まれます。

あいさつゲームでルールを覚えよう

ルールづくり

4月

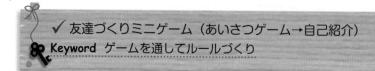

✓ 友達づくりミニゲーム（あいさつゲーム→自己紹介）

🔑 **Keyword** ゲームを通してルールづくり

あいさつ・自己紹介のスキルを身に付けよう

ねらい 楽しい雰囲気であいさつすることで，不安や緊張を減らして仲良く活動するきっかけや雰囲気をつくることができる。

身に付く力 あいさつ・自己紹介のスキル

ミニゲームのやり方

(1) いろいろなあいさつをする。教師が示したルールを守りながらやることで，楽しく安心してできる体験をする。

　　・片手で握手（無言・あいさつしながら）

　　・両手で握手（無言・あいさつしながら）

　　・グーにして握手（「よろしグー」と言いながら，手の内側同士で優しく手を触れ合うようにする。パンチ×）

　　・ハイタッチで握手（「ハ〜イタッチ！」と言いながら明るく片手や両手でする）

(2) 自己紹介の仕方（自分の名前・好きな食べ物や飲み物・「よろしくお願いします」）を知り，いろいろなお友達と自己紹介し合う。

　　・教師と代表児童が自己紹介の仕方をモデリングする。

教　師 先生がAさんとやってみます。自分のことを紹介してみましょう。

　　　　　「私の名前は山木良子です。好きな食べ物は日本そばで，飲み物はココアが好きです。よろしくお願いします」……こんな感じでお願

いします。

子ども　私もココアが好きです。「よろしくお願いします」。

　・自己紹介をする。

子ども　……，好きな食べ物はピザで，チーズ味が好きです。……。

子ども　私と同じでピザが好きなのね，私はマルゲリータ味が好きです。

(3)　やり終えたら，どのような気持ちかをお互いに振り返る。

子ども　Aさんが明るくてはっきり聞こえる声で言っていて，まねをしたく
　　　　なりました。

子ども　Bさんがしっかりこちらを見て，うなずいて聞いてくれたので，し
　　　　っかり聞いてもらっているようでうれしかったです。私は苦手です
　　　　が，いちごが好きな人が多かったです。

Point 不安の軽減の効果

○あいさつをゲーム風にすることで，楽しく"あいさつ"するので，抵
　抗が起こりにくい。

○軽いスキンシップや明るい雰囲気の中で，ルールを学びながら安心し
　て自己紹介できる。

4月 出会いの自己紹介エクササイズ

✓ 自己紹介と他者紹介でリレーションを促進しよう

Keyword 不安や悩みの解消

リレーション・ゆるやかに関係づくり

　4月は低学年の子どもたちにとって緊張の出会いの時期ともいわれています。1年生は小1プロブレムを意識し，2年生は中間反抗期の課題が出ないように，出会いをどのようにスムーズにできるかは，大きな課題になります。この時期は，子ども自身を認めてあげることであたたかい雰囲気を醸成することと，ミニゲームを通してルールを学ぶよさに気付かせることをおすすめします。不安や悩みの解消の対応の一つとしても取り組めます。

　社会的スキルを獲得するのと同時に，心のエネルギーを得ることで，心を安定させ，心地よい出会いを演出してあげたいものです。

出会いの自己紹介エクササイズ

ねらい　わかりやすい自己紹介の仕方でリレーションを促進し，さらに自己開示の仕方や他者紹介を学ぶことを通して，互いのことを知ることができる。

身に付く力　"かかわる力"の育成・自己紹介のスキル

ミニゲームのやり方

インストラクション

　「初めての友達に会ったときは，あいさつをしますが，お互いのことがわかると，仲良くなることができます。自分のことを教えることを「自己紹

介」と言います。これから自己紹介をしてみましょう」

※わかりやすい自己紹介の仕方にはポイントがあることを確かめる。

　「自分のことを紹介するときに気を付けるといいことがありますか」

※「笑顔で」「相手の顔を見て」「明るく元気のよい声で」等

【初めての出会いの不安を解消するためのスキルとポイント例】

〔自己紹介の内容〕

①名前（呼んでほしい愛称）

②自分のこと（好き・嫌い，得意・苦手など）

③お話のたね（苦手なことや昔のお話・エピソードなど）

④シメの言葉（よろしく・ありがとうなど）

〔自己紹介のポイント〕

①にこにこ笑顔で　②聞き取りやすいはやさと声の大きさで

③しっかり，はっきり最後まで

※子どもたちの声を拾い上げてから示すと実感しやすい。

エクササイズ

(1)　自分のことを紹介する。

　「名前は田中一郎です。ラーメンとサッカーが好きです。チーズが苦手です。幼稚園のときにサッカーの試合でけがをして入院したことがあります。仲良くしてください」

※自己開示の効果…苦手なものや昔あった出来事などプライベートなことや　心理面を入れて紹介すると，すごく仲良くなったような気がする。

(2)　「友達（他者）紹介」をする。聞いたことをどのように伝えるかがポイント。

(3)　やり終えたら，どのような気持ちかをお互いに振り返る。

Point▶ 不安の軽減の効果
○自己紹介ゲームを通してかかわり方のルールを学ぶ。

言葉以外でのコミュニケーション

「しゃべらないでなかまあつめ」

ねらい 非言語でゲーム的にかかわることで，言葉以外でのコミュニケーションの仕方があることに気づく。また，言葉の大切さを改めて知る。

身に付く力 自己理解・他者理解

ミニゲームのやり方

(1) 「しゃべらないでなかまあつめ」をする。お題は次の３つ。

　①同じ地区の人（通学班や地区など）

　②同じくつのサイズの人

　③クラスみんなの生まれた月の順（１月〜12月）

　※①②は４月からの実態に合わせてテーマを決めるとよい。③は，多少時間がかかっても子どもの力でクリアさせたい。

教　師 これから「なかまあつめ」というミニゲームをします。先生が言うテーマに合わせて，仲間を見つけて集まります。ルールは①しゃべらない，②集まったらその場に座る，③指や体を使うのはいいの３つです。

(2) やり終えたら，どのような気持ちかをお互いに振り返る。

子ども 言葉を使わないと大変だと思ったけど，知っている友達もいたので，

安心したし，顔を見ていたらなんとなくわかったよ。

子ども　なかなかわかってもらえないときはちょっと悲しかったけど，気持ちがわかってもらえたときはすごくうれしかったです。

子ども　クラスの友達全員でちゃんと並べるかドキドキしたけど，指で数を教えてくれたり，こっちだよと呼んでくれたりした人がいたので並べてホッとしました。みんなありがとう。

教　師　身ぶりや手ぶりなどで，相手の人に自分のことをわかってもらえるうれしさと，言葉で気持ちを伝える大切さがわかったようですね。自分の気持ちをはっきり言葉で伝えるようにしましょうね。

Point 自己理解・他者理解促進への効果

○普段の生活ではあまりない非言語的なかかわりを通して，相手意識や言葉の大切さを改めて感じることができる。

○自分と共通することや違うことを確認することで，自他理解を促進することができ，新たな気付きが生まれる。

5月 ルールとリレーションの状態を確認しよう

✓ 「かかわる力」を育成しよう

Keyword 人間関係形成期

4月～7月は人間関係形成期

　低学年の4月から夏休み前までに目指したい学級経営の目標例と行動目標例としては，次のようなことが考えられます。

◎みんなで助け合い，楽しい学級生活をつくろう

○友達の意見をよく聞き，自分の意見を言えるようにして，学級生活を楽しくするための集団決定ができるようにする。

○学級の目標や旗やシンボルマークづくりを通して，仲間意識をもち，周囲の友達と仲良く過ごすようにする。

○ルールやきまりを守り安全に過ごす態度を身に付けさせる。

○係活動や当番的な活動があることを知り，喜んで働き，最後までやりきるようにする。

○集会活動では，各自が役割を分担し，みんなと協力し，一つのことを成し遂げる満足感を味わわせる。

　1か月間の「かかわりのスキル」「学校生活のスキル」を振り返って，ルールやリレーションの状態をチェックしてみましょう。

かかわりのスキル

あいさつ

☐ 「おはよう」「さようなら」等の基本的なあいさつができる。

あたたかい言葉かけ

☐ 何か失敗したときに「ごめんなさい」と言える。

☐ 何かしてもらったときに「ありがとう」と言える。

上手な聞き方

☐ 友達の話を最後まで聞くことができる。

☐ 友達の話を冷やかさないで聞くことができる。

質問をする

☐ 友達に聞こえる声で，わからないことを聞くことができる。

☐ 教えてもらったら，お礼を言うことができる。

／7点

学校生活のスキル

当番としての役割

☐朝自習　☐朝の会　☐帰りの会　☐給食当番

☐清掃当番　☐係活動　☐休み時間　☐整列の仕方　など

生活ルール

☐5分前行動　☐チャイム着席　☐授業の準備　☐学習用具の整理整頓

☐後片付け　☐発言の仕方　☐話し合いの仕方　☐提出物の出し方　など

生活マナー

☐あいさつの仕方　☐椅子の座り方　☐立ち方

☐机・ロッカーの使い方　☐食事のマナー　など

／21点

　いかがでしたか？

　子どもたちに身に付いた行動の仕方や動き方を意味した見えないルールやリレーションがあることも，ぜひ認識させたいと思います。

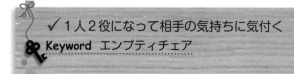

5月 エンプティチェアで 相手の気持ちに気付く

✓ 1人2役になって相手の気持ちに気付く
Keyword エンプティチェア

エンプティチェア（空の椅子）を使って気持ちを知る

　カウンセリングの技法に「エンプティチェア（空の椅子）」というものがあります。椅子に座った自分の向かいに一脚の空の椅子を置き，そこに自分が話したい相手がいると想定して対話するというものです。椅子は2脚使い，"一人芝居"の要領で行います。

　自分が話した後，相手が話す番になると，自分が向かいの椅子に移って座り直し，その相手の気持ちになって，話をする，それに対してまた，自分の言いたいことを，自分の椅子に戻って話す……ということを続けます。

　今回対話する相手は，けんかをした相手を想定します。ねらいは次の2つです。

○そのとき相手に言えなかったことを言う。
○そのときの相手の気持ちを理解する。

けんかの場面の例

（場の設定）

　いつも仲良しのAさんとBさんがけんかになり，AさんがBさんにたたかれたと訴えてきた。

教　師	今，それぞれに言いたいことがありますね。2人とも怒っていて，またけんかになりそうなので，一人ずつ気持ちを教えてもらってもいいかな。
	Aさんから始めましょう。（※エンプティチェアの説明省略）
A　役	なんで突然殴ってきたんだ。許せない。
B　役	面白くないからさ……。
A　役	面白くないなら口で言えばいいだろう。
B　役	……。（沈黙）

（AさんはBさんの気持ちがわからないのでストップしました。）

教　師	次にBさん，やってみましょう。
A　役	なんで突然殴ってきたんだ。許せない。
B　役	だっていつもぼくの肩をたたくじゃないか。
A　役	ぼくたち仲良しだから，つい軽い気持ちでやったけど，それぐらいいいだろう。
B　役	この前鉄棒で肩をぶつけて痛いから触らないでって言ったじゃない。何度も頼んだのに，やめなかったじゃないか。
A　役	……。（沈黙）

振り返り

教　師	それぞれの役をやってみたら，お互いに相手の気持ちのところで止まっちゃったね。お互いの気持ちわかりにくかったかな。
Aさん	Bさんが肩が痛いことを知っていたのに，何度も触って悪かったです。ぼくが何度もやったから，嫌でたたいたんだね。Bさんごめんね。
Bさん	ぼくの方こそ，たたく前にもう少しちゃんと言えばよかった。ごめんね。許してくれる？
教　師	けんかになる前に，お互いに相手の気持ちに気付くことができるようになるといいね。

（この後2人はいつものように仲良く遊んでいました。）

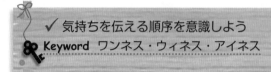

カウンセリングを意識した叱り方

✓ 気持ちを伝える順序を意識しよう

🔑 Keyword　ワンネス・ウィネス・アイネス

叱る目的・叱り方

　子どもを叱る目的は，大人になったとき困らないように社会のルールや道徳性を身に付けることにあります。

　我々教師が叱り方で失敗する原因の一つは，「叱る場面」と「叱る必要のない場面」の峻別がつきにくいことではないかと思います。学級全体を見回して，「みんなにとって不快な行動をやめさせたい」という心情になるのは十分理解できますが，それが叱る基準になってしまうと，常に子どもたちの言動が気になり，注意ばかりしてしまうという結果になりがちです。「子どもを叱る必要のある場面」は，

　①子どもが危険なことをしたとき

　②非社会的・反社会的な言動になりそうなとき（いじめなどの人の権利を
　　奪うことなど）

の2つだと思います。

　叱り方のポイントは，「そのとき・その場で・短い言葉で」「感情的にならず，感情の言葉に表情をつけて言う」「身に付くまで何度でも繰り返す」「時間・場所・場面を考えて，いざとなったら一時終了・強制終了」などです。

わかりやすく伝える

　カウンセリングの指導・援助に通じる基礎・基本の一つに「ワンネス・ウィネス・アイネス」があります。

　「ワンネス」とは，相手の気持ちをわかろうと努力すること，「ウィネス」は相手に役立つことを一緒にしたり，考えたりすること，「アイネス」は自分の気持ちと考えを打ち出す（主張的に表明する）ことです。

気持ちを伝える順序

　叱るときは，３つを組み合わせて，必ず「ワンネス→ウィネス→アイネス」の順序で行うことが鉄則です。

　もしそれぞれのステップだけで表現するとどうなるでしょう。

　ワンネスだけだと，話は聞いてくれるけど指導力のない先生，ウィネスだけだと，自分に都合のいいときだけかかわる先生，アイネスだけだと，説教だけで気持ちをわかってくれない先生と受け取られがちです。

　また，教師は普段あまり意識していませんが，何かトラブルが起きるとその現象に目がいきがちになり「アイネス→ウィネス」の順で言ってしまっていることが多いのではないでしょうか。

　この順序だと，「ダメじゃないか」と最初に厳しく指導されるのに，「どうしたらいい？」のように最後は，促される程度に感じて，しっかり指導してくれない甘い教師，注意ばかりするのに一緒に考えてくれない冷たい教師と受け取られてしまう場合もあります。子どもたちの心に伝わりにくいだけでなく，親しみが薄く感じられることもあるので注意が必要になります。

5月 カウンセリング 言い換えや明確化で あいさつレベルアップ

✓ 社会的スキルを身に付けるためにカウンセリング技法を使おう

Keyword　言い換えや明確化の技法

言い換えや明確化の技法を使って

　カウンセリングのスキルから言い換えや明確化の技法を使って，子どもがうまく言葉にできないことやはっきり伝えられないことを教師が言語化する例を紹介します。

お互いが気持ちよくなるあいさつの基本を学ぶ

教　師　みなさんはあいさつをするときに，どのようなことに気を付けていますか。先生は，笑顔で，相手の人の顔を見てあいさつするようにしています。

子ども　相手の人がわかりやすいように，はっきりした声で言うように気を付けています。名前を付け足して言ってもらうとうれしいです。

※あいさつの仕方にもいろいろあることを確かめ，自分も相手も気持ちのよいあいさつがあることを確かめる。

教　師　あいさつをレベルアップするためには，「名前を付け足す」「場所の広さに合った声の大きさにする」「自分から進んで」が大切です。

これらのことを反対にして，代表の人に劇をやってもらいましょう。

〔わざと大きな声であいさつする例〕　「お・は・よ・う・〜！」

【反対のことをやってみての振り返り】

　元気でいいけど，ふざけてしまって嫌な気持ちです。ちょっとうるさくて

返事の仕方をどうしようか困りました。

【劇を見ていての振り返り】

　小さい声だと聞こえないけど，大きいと嫌な気持ちになるときもあるので気を付けたいです。

異学年児童や目上の人，初めて会う人とあいさつしよう

教　師　みなさんは学校の先生方のほかに３年生以上のお兄さんやお姉さん，ボランティアの方にあいさつするときは，どのようにしていますか。

子ども　あまり気にしていないです。あまりよくわからないです。

（教師と代表児童でモデルを示す。）

子ども　こんにちは。１年２組の山木太郎です。ボランティアのＳさんにお願いがあります。この前読んでくださった絵本の名前を教えてもらえますか。

教　師　ええ，いいですよ。本の名前は……です。明日の読み聞かせに別の本も持っていくので楽しみにしていてくださいね。

【劇を見ていての振り返り】

教　師　わかりにくいようですね。ポイントは，優しく丁寧な声でゆっくりあいさつをするのがいいと思います。みなさんはどう思いますか？

Point

○多様な場面や様々な人々に対して，適切なあいさつをしようという意欲をもたせたい。

○教師が言い換えや明確化をすることで，子どもは自分の言おうとしていることや気持ちが周囲にわかってもらえるという体験ができる。自己肯定感や他者信頼感を高め，周囲との関係性を大切にできる基盤になる。

6月 児童理解のおすすめ「聴く」

✓ 傾聴技法を活用して子どもをしっかり理解しよう

Keyword 傾聴技法

6月の児童理解のおすすめは「聴く」

6月，今の学級に満足している（自己満足も含む）子どもと，不安や不満を抱えている子どもが混在している時期の児童理解のおすすめは，子どもの声を「聴く」ことです。子どもの心の声を引き出すために「聴く技術」を活用します。

「聴く」ことは相手を一人の人間として受け入れること，尊重することです。聴くことにより，受け入れてほしいという欲求が十分に満たされると，私たちが本来持っている能力が活性化されます。

さらに，欲求が満たされるとき，子どもは満足し，人間同士のつながりを感じ，自分は一人ではないという思いを強くします。これは成長の大きな力になります。

最近カウンセリングの手法として「傾聴技法」という言葉を聞くことがありますが，教師と子どもとの関係のみならず，子ども同士の関係においても「聴く」技術を高めて，互いの信頼関係を築き上げたり，居心地のよい学級集団に醸成したりすることができます。

以下のポイントを参考に，「聴く」技術を児童理解に役立ててください。

子どもも大人も「聴く」技術

　学校生活のあらゆる場面で，子どもたちの行動や感情に耳を傾けて，一言を大切にし，言葉にできない心の声を引き出しましょう。以下は傾聴技法の基本を参考にした「聴く」技術の例です。

【みんなで身に付けたい「聴く」技術】
1　話を最後まで聴く。
2　話は否定的ではなく肯定的に聴く。
3　話にタイミングよく反応する。
4　心の内側にあふれる感情を，あたかも自分のことのように聴く。
5　自分のこと（男子・女子，先生・子ども）は横において聴く。
6　沈黙（黙ってしまうこと）があっても，その時間を一緒に過ごす。

　「聴く」ということは言葉としては簡単ですが，学級の子ども全員の声を毎日「聴く」ことは不可能に近いことです。

　そこで，給食の際に班を回りながら話を聴くとか，トラブルが起きたときや相談事があるときにチャンス相談として聴く，時には「今週は〇班の人」のように意図的に指定して対話をしながら互いの話を「聴く」などをおすすめします。

　休み時間や授業時間以外のすきまなどでの何気ない会話は，子どもの本音を知る絶好の機会になります。

6月 児童理解

ルールづくり

6月 ルールを尊重して 「ききかたはかせ」になろう

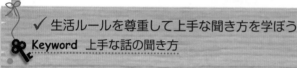

✓ 生活ルールを尊重して上手な聞き方を学ぼう

🔑 **Keyword** 上手な話の聞き方

友達とかかわるスキル・上手な聞き方

　低学年の課題には小1プロブレムと中間反抗期があります。その対応には，約束やルールを守ることを通して，自分もよく相手もよい関係づくりを体験的に学び，実感できることが大切なポイントになります。

　ルールや規律を学びながらSSTを活用した「上手な話の聞き方」で，「友達とかかわるスキル」を身に付けさせましょう。

「ききかたはかせ」になろう

ねらい　話の聞き方にはいろいろな聞き方があることを知り，友達と上手にかかわるためには，上手な聞き方を身に付け，しっかり聞くことが大切であることを体験的に身に付ける。

流 れ

◥ 椅子を使って

　隣の席の人とペアになって椅子を使い，3つの方法で自己紹介をする。一回につき30秒ずつ。

　①背中合わせで自己紹介…お互いに顔が見えないので，なんとか耳で聞き取ろうと，少し向きを変えようとする子が多い。聞き取りにくいので，つい声が高くなってしまう。

②同じ方向を向いて自己紹介…バスに乗車したときのように，互いに同じ方向を向いているので，相手の表情を見ることはできない。ついチラチラ見てしまう子がいる。

③向かい合って自己紹介…互いに顔を見合わせて話をすることになるので，ホッとした表情で対話する子が増える。表情が豊かな子などをしっかり観察しておくと振り返りで確認できる。

▨ 返事をしないで

前後の席の人とペアになって，返事や言葉を介さないで，3つの方法で自分の好きなものを紹介する。一回につき30秒ずつ。

①目をつむって…すぐにでも返事したいと思う子が多く，約束をしてもうなずいてしまう子が多く見られる。

②そっぽを向いて…話をしている子のことを一生懸命見てみたいと思う意識が働いて，ついチラチラ見てしまう子が多い。

③うなずいて…会話や返事はないが，うなずくことで思わず笑顔になる子が多い。ホッとした表情になる子が多い。

振り返り

(1)　「3つのききかた」をやってみて，気付いたこと，感じたことを，話をする側と聞く側の双方の立場で発表する。

(2)　振り返りをもとに，「ききかたはかせ」になるためのポイントを全員で確認する。

※相手に体を向ける。話す人を見る（じっと見過ぎない程度に）。あいづちをうつ。最後まで聞く。

6月 仲直りしたいときのロールプレイ

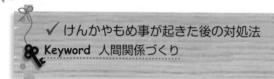

✓ けんかやもめ事が起きた後の対処法

🔑 Keyword　人間関係づくり

けんかをしたときの対処法

　「けんかするほど仲がいい」の言葉通り，低学年も６月頃になると，互いの心理的な距離が縮まることで，思ったことをつい口に出してしまい，けんかやもめ事になってしまう場合があります。

　けんかやもめ事等対人関係のトラブルの解決では，互いに謝罪し合うことや考え方を変えることだけでは根本的な解決にならず，不満として鬱積してしまうことが多いです。

　低学年の場合は教師を介して仲直りすることが多いようですが，失敗から学ぶ姿勢で，よい学びの場にしたいものです。

仲直りのロールプレイ

ねらい　特に低学年の子どもたちは，かかわりの体験の少なさもあり，具体的な場面でのかかわり方を学ぶ場が必要になる。好ましい解決方法を導くための対人関係のトラブル対処法として，折り合いのつけ方を学ぶ。

流　れ

問題の意識化

　「最近の生活」を振り返るアンケートや日記等から，けんかやもめ事が起きた後，仲直りしたいときに，謝る側・謝られる側それぞれ意識に違いがあ

ることに気付く。

　※謝り方の課題…誠心誠意謝っているつもりだがうまく通じないこともある。「ごめん」と言われてもすっきりしないこともある。等

エクササイズ

(1)　仲直りの仕方（互いに気持ちを伝える伝え方）にはどのようなケースがあるかを，ドラえもんの3人の登場人物（のび太君…はっきりしない，非主張的／ジャイアン…攻撃的／しずかちゃん…主張的）になりきって，代表の子がロールプレイする。

(2)　ロールプレイを見ての感想を話し合い，自分の普段の仲直りの仕方と比較する。

(3)　どのような謝り方がよいかを自己決定し，場面を想定してグループごとにロールプレイで再現する。

(4)　再現したことの中から，自分もよく，みんなもよい対応の仕方はどれかをグループごとに話し合い，ポイントを確かめる。

(5)　ポイントを発表する。

　〔ポイントの例〕

　①悪いと思ったら心から謝る

　②お願いしたいことがあれば伝える

　③自分の気持ちや考えをアイメッセージ（自分の言葉で，「私は〜」の言い方）で言う

　④行為を憎み，人を憎まずの精神で

振り返り（シェアリング）

(1)　やって感じたこと，気付いたことをグループごとに振り返る。

(2)　全体でシェアリングをし，今後のことについて自己決定する。

6月 知って得する個別面談の仕方

- ✓ 個別面談の仕方を知り活用しよう
- 🔑 Keyword カウンセリングスキルの活用

カウンセリングスキルを意識した個別面談を

　個別面談は全員参加のものもあれば，希望の場合もあります。一般的な面談時間は，15分〜30分程度が多いようです。この時間ではゆっくり話をするということはできませんので，要点を簡潔に伝える必要があります。短時間なので，効率的にやろうとすると事務的に感じ取られてしまうことになりますし，逆に丁寧にしようとすると時間が不足して，設定時間内に終わらないときもあります。

　また，最近では，家庭訪問がなくなり，初めて一対一で向かい合う場合も多く，教師も保護者も多少緊張していることが予想されるので，緊張感を取り除く雰囲気づくりも大切になります。カウンセリングを意識した例を紹介します。

短時間で緊張せずにできる個別面談を目指して

　緊張をほぐすには，机の配置をL字型にしたり，向かい合うときは，机と机の間に1つ机を足し並べて距離感を保ったり，花を飾ったりするなどの工夫をすることで，ある一定の距離感をおくこと（プライベートゾーンの保持）が効果的です。

　もし待ち時間があるならば，学校生活がわかるような写真や掲示物，授業

で作った作品等の展示を工夫すると，雰囲気を和らげる効果があります。

　私は，友達関係のアンケートや生活意識調査，社会的スキルアンケート，Q-Uなど，個人が特定されないようにグラフ化したものを掲示したり，エンカウンターのエクササイズの際に使ったカードやシェアリング（振り返り）のカードを掲示したりしています。多くの保護者が知りたがっている"我が子の心の中"が垣間見られ，理解できるので，保護者からは好評です。

　ただ，いじめや友達関係のトラブルなどは，積極的に解決する方向で取り組まないと，信頼をなくすことにもなりますので，注意が必要です。

　教師にも保護者にも実りある個別面談を運営していくにはどうしたらよいでしょうか。私は，「個別面談に対する教師と保護者の意識のずれ」を確認し，そのニーズに応えるような取り組みをすればよいと思っています。

　そのためには，子どもの内面が見えるような客観的なデータ，例えばアンケート用紙で答えたものや，子どもが書いた本音がわかるようなものを提示して，普段の生活との差がないかを確認することが効果的です。

> **Point** 個別面談の際のポイント
>
> ①面談の時間と内容を確認する。（その時間の契約をするような気概で）
> ②傾聴技法を活用する。（相手の目を見つめ，相づちをうちながら笑顔でじっくり耳を傾ける）
> ③質問，確認などを使って明らかにする。（明確化等）
> ④はじめに，子どものよいところを話し，課題は1つ～2つ程度にする。
> 　※事前に保護者へ「面談のときに知りたいこと」のアンケートをとっておくとよい。
> ⑤保護者の緊張を解き，安心して面談をしてもらえるように，明るい表情と，共感的で受容的な態度で接する。

7月 いじめ指導で児童理解

✓ いじめの指導では身近な言葉づかいを題材にしよう

🔑 **Keyword** ふわふわ言葉・チクチク言葉から児童の理解

「ふわふわことばとチクチクことば」

ねらい 　普段何気なく使っている言葉が，人間関係や学級の雰囲気に影響を与えることに気付き，互いが相手の立場を考えた言葉づかいで自分の思いを伝えられるようにする。

流 れ

問題の意識化

「ふわふわことばとチクチクことば」のアンケートをとり，言われてうれしい気持ちになる言葉と，嫌な気持ちになる言葉があることに気付く。

※黒板に中心線を書き，左右に分けて比較しやすいように書くと視覚化できる。

原因の追究・把握

(1) 上記の言葉の量や内容，種類を見て，分類したり比較したりして学級の傾向をつかむ。一般的にはチクチク言葉が多い。

(2) 自分が言われて嫌なことには気付きやすく，言う側になるとあまり相手を意識せずに言っている場合が多いことに気付く。

(3) 同じ言葉でも気になるときと，あまり気にならないときがあること。言われ方によってふわふわにもチクチクにもなる可能性があることに気付く。

　※実感できない子が多い場合は，出された言葉を使ってロールプレイで再現する（p.112参照）。

(4)　話し合いをもとに，解決できる具体的なやりとり場面を想定してチクチク言葉をリフレーミング（変える）して，「ふわふわ言葉マップ」を作る。

問題の解決や対処の仕方

(1)　「ふわふわ言葉マップ」をもとに，解決場面を想定してシナリオを作り，代表グループがロールプレイをする。

〈ロールプレイの例〉

Aさん　Bさんはいつものんびりやさんだなぁ。

Bさん　えっ。のんびりやさんなんか言われて，嫌だなぁ。

○リフレーミングする

　　「のんびりや」→「ゆったりしている」「おおらか」

Bさん　「のんびりや」は嫌だけど，「ゆったりしている」や「おおらか」は心があたたかくなるなぁ。

(2)　演じた後の感想を話し合う。

実践への意欲付け

(1)　全体でシェアリングをする。

(2)　自己決定をする。

　低学年に限らず，いじめとけんかの違いや，言い合いなどのトラブル場面を使って学級みんなの課題として取り組むことで，「言う側と言われる側」の意識のずれに気付くことができます。

　指導に当たっては，常にルールとリレーションのバランスを意識したり，1対1の関係や小グループでのかかわりを理解したりすることで，いじめを生まないあたたかい雰囲気の学級づくりにつなげましょう。

　また，大人の考える肯定的な言葉が，必ずしも子どもの認識とは一致しないこともあることを児童理解を通して確認しましょう。

ユニバーサルデザイン

7月 いじめ予防にサイコエデュケーションを活用しよう

✓ いじめの予防にサイコエデュケーション（心理教育）を活用しよう
Keyword ふわふわ言葉・チクチク言葉

いじめ予防としてのサイコエデュケーション

インストラクション

(1) 最近の生活の様子から課題を確認する。

教　師 最近友達と口げんかをする人が多くなっていますが，どんなときが多いのでしょうか。

Ａさん 前に「ばかじゃない」と言われてけんかになった。

Ｂさん あだ名で呼ぶのは「やめて」と言ったのに，何度も言われて……。

教　師 言われてうれしい言葉と嫌な言葉があるようですね。言われてうれしい「ふわふわ」，嫌な気持ちになる「チクチク」をみんなで確かめてみましょう。

(2) ふわふわ言葉・チクチク言葉について話し合う。

【ふわふわ言葉】	【チクチク言葉】
・ありがとう　・おはよう ・ドンマイ　・ナイス　・大すき ・やさしい　・なかよし　・友だち	・ばか　・まぬけ　・あほ　・むかつく ・ちび　・でか　・でぶ　・しね ・うざい　・きもい　・きえちゃえ

(3) 出された言葉を振り返る。

Ａさん ふわふわ言葉よりもチクチク言葉の方が多いです。

Ｂさん チクチク言葉でも人によっては気にならない言葉もあります。

教　師 チクチク言葉が多いのは，あまりうれしくない言葉だから心に残り

やすいのかもしれませんね。つい言ってしまう人や，いじわるのつもりではなく言ってしまう人もいるのかもしれません。

※否定的な言葉の方が強く認知されやすいという特徴があるため，多くの場合，ふわふわ言葉よりもチクチク言葉の方が多く出される。

※言った人と言われた人を調べると，言われた人の割合が高くなりがちである。その矛盾点を手がかりに問題点を確かめる。

エクササイズ

「チクチク言葉」のロールプレイをする。

教　師　3人一組になり，チクチク言葉（板書してある言葉を使用）を言う人と言われる人，見ている人になって，劇をしてみましょう。どのような気持ちになるか，どんな気付きがあるかを感じながらやってみましょう。

Aさん　まだ勉強終わらないの，のろまだなぁ，早く終わらせて一緒に遊ぼうよ。

Bさん　自分なりに一生懸命やっているんだから，そんな言い方をしなくても……。

振り返り

〔劇（ロールプレイ）をしてみて〕

Bさん　ぼくは，チクチク言葉で「のろま」という言葉があまり気にならないと思っていましたが，責められているようで嫌な気持ちになりました。

Aさん　私は言う側になったときに，一緒に遊びたいから早くしてほしいという気持ちで言いました。でも，相手の人に悪いなぁという気持ちになりました。

※振り返りでは，「やってみてどう思いましたか？」「どんな気付きがありましたか？」のオープン・クエスチョン（開かれた質問）で確認するとよい。言ってはダメということでなく，相手の感情に気付かせたい。

自分もよく相手もよい 気持ちの伝え方

カウンセリング

✓ 相手が不快にならない伝え方があることを知る

🔑 Keyword　ジャイアンとしずかちゃん

友達へのいつもの伝え方を振り返ろう

(1)　みんなで決めた生活ルールを確かめながら，友達との間で困ったことはないか振り返る。

教　師　4月からクラスでルールを作って，互いに気持ちよく過ごせるようにしてきました。ところで，最近困ったことはありませんか。

子ども　ぼくが失敗したときに，女子で怒る人がいます。ぼくが悪いから仕方ないけど，もう少し優しく言ってほしいです。

子ども　私も責められた気がして嫌だったなぁ……。

教　師　そうかぁ，自分が間違えたり失敗したりしてしまったときに，反省していても，強く言われたり，責めるように言われたりすると嫌になってしまうということかな？

(2)　どんな気持ちになるのかを，劇（ロールプレイ）で確かめる。

　　・ジャイアンとしずかちゃんを例に代表児童が行う。

〔ジャイアンのように強い言い方で〕

子ども　Aさん，そんなことしてだめなんだぞ！　反省しろ！　先生に言うぞ！

子ども　そんなに恐く言わなくても……

〔しずかちゃんのように諭すような言い方で〕

子ども　Aさん，失敗しちゃったね。わざと？　間違えて？　そうかぁ，ふ

ざけたわけじゃないんだ。どうする？　一緒に謝ってあげようか？

子ども　失敗しちゃった。Bさんに謝って許してもらう。自分で謝るよ。

・代表児童の劇（ロールプレイ）を見て振り返る。

子ども　正しいことを言っているけど，ジャイアンのように強く言われると，怒られているような感じで，自分だったら嫌です。

子ども　しずかちゃんのように言われたら，「気を付けよう」「悪かったなぁ」と思えます。自分は言い方に気を付けたいです。

(3)　相手の気持ちも尊重して優しく注意する劇（ロールプレイ）をする。

教　師　しずかちゃんのような言い方で，言われても嫌にならない優しい注意の仕方（教えてあげる気持ち）を劇（ロールプレイ）にして練習してみましょう。

Point▶ 友達と気持ちを伝え合うときのポイント

①事実を確かめる。「なぁるほど」「そんなことがあったんだぁ」等

②どんな気持ちかをうなずきながら聞く。「なぁるほど」「そうかぁ」等

③励ますように優しく注意する。「ドンマイ」「気を付けようね」等

---

(4)　「優しく伝える劇」をやってどんな気持ちになったか振り返る。

子ども　友達のために言っているつもりだったけど，言われて嫌になってしまうこともあるので，気を付けたいと思います。

子ども　何か失敗したときにジャイアンのように言われたら落ち込むので，しずかちゃんのように言いたいです。

7月 エンカウンターで 信頼関係を築く懇談会

✓ 保護者会・学級懇談会，まずはリレーションづくりから

Keyword エンカウンターエクササイズ

保護者会・学級懇談会で使えるエンカウンターエクササイズ

　保護者会・学級懇談会（以後，懇談会）は，年に数回しかない，保護者と担任が顔を合わせて話し合いができる貴重な場です。やらなければならないこともたくさんありますが，保護者とのリレーション（関係性）がしっかりとれるようになれば，何かトラブルがあっても解決しやすくなりますし，保護者が強い味方になってくれることもあります。

　懇談会でエンカウンターを取り入れるのが有効であることは，様々な書籍等でも取り上げられています。そこで今回は，エンカウンターを取り入れる設定を年3回とし，大まかな内容を紹介します。

1回目はリレーションづくりを目指して

　初めての出会いとなる1回目の懇談会は，保護者は担任がどういう人間であるかに興味をもって参加することが多いです。そこで，担任としてできる範囲で自己開示をすることが大きなポイントになります。

　担任と保護者とのリレーションづくりに合うエクササイズとしては，「イエス・ノークイズ（リーダーに質問）」や「私は○○です」のような，自分を知ってもらうことができるものが効果的です。

　保護者同士のリレーションづくりでは，「自己紹介」や「みんなで握手」

「アウチ」「バースデイライン」「仲間よ集まれ」など，全員でかかわりながら取り組めるものでアイスブレーキングをすることから始めることをおすすめします。

　次に，2人1組で質問し合うような「質問じゃんけん」や「1分間聞き放題・しゃべり放題」，その後4人1組での「他己紹介」に移っていくと抵抗なく取り組むことができます。

2回目は子どもの内面を話題にして

　2回目くらいになると，私の経験上口コミの影響で，参加者が増えはじめます。1回目の関心は担任にあったと思いますが，2回目あたりからは自分の子どもに関することに興味が移ることが多いようです。そこで，我が子のことがわかったり，友達の情報がつかめたりするようなエクササイズ「最近変わったと思うこと」「我が子自慢」「我が子の棚卸し」などが参考になると思います。

3回目は悩みの共有から解消に向けて

　3回目は，悩みが解決できるように，シナリオロールプレイを活用して親と子の役でやってみたり，役割を交換したりするなどして，子どもの見方や考え方，とらえ方などに気づき，家庭生活に役立ててほしいものです。

　他にも，保護者一人一人が抱えている子育てに関する悩みや苦労を共有し，参考になる意見を聞いたり，モデルになるような生き方をしている人と仲良しになったりして，保護者へのエールを送ることができるようになることも大切なポイントだと思います。

トラブル解決（個別）

8月 夏休みミニ研修会① 子ども同士のけんかへの対応

✔ 子ども同士のけんかへの対応の手立てを学ぼう

🔑 Keyword ロールプレイ，ソーシャルアトム

子ども同士のけんかの場面を想定して

　教室内で時々起こる「けんか」の解決の際に，事実から"追及"するのではなく，心理面の理解から"追究"することで，意識のずれを修正し，お互いの感情を理解してすっきり解決する方法について学びましょう。

けんかの場面のロールプレイ

問題の意識化

　学級生活アンケートから，けんかやもめ事をすっきり解決する方法があると，お互いに誤解がなく仲良く生活できることを確認する。

　※「けんか両成敗」という言葉のように，自分は悪くないと思っているのに，その場で不満が残ったまま解決してしまうケースがあることをおさえたい。

原因の追究・把握

　「けんかやもめ事があったときに，すっきり解決できたと思わない友達がなぜいるのでしょう」と告げ，次のような手順で確かめる。

(1)　けんかやもめ事はどのようなときに誰と起こりやすいかを確かめる。

　※仲良しの友達と等

(2)　けんかやもめ事が起きた後にどのように解決しているかを話し合う。

※自分たちで，先生に間に入ってもらって，がまんする等

(3)　けんかやもめ事の「すっきり納得解決度合い」を挙手で確かめる。

　※超すっきり10，超もやもや１としたときの納得度の割合

(4)　解決の仕方に不満や不安を感じている友達がいることに気付かせる。

問題解決や対処の仕方

　普段は仲がよい友達とけんかになった場面を想定して，役割を分担する。

(1)　普段の２人の仲良し関係を，椅子を使って表す（隣同士の近い距離に置く）。

(2)　けんかやもめ事が起きたときの自分と友達との心理的な距離を，椅子を使って，向きや距離で表す（椅子を遠くに離して置く，互いに背を向けたり，倒したりするようにして置く）。

(3)　その椅子を置いたときの気持ちや感情を，教師役がインタビューする。

(4)　お互いの気持ちを聞いて気付いたことや，感じたことを伝え合う。

(5)　観察者が，見ていての感想を発表する。

(6)　解決や対処の仕方を話し合い，そのアイディアの中からおすすめの解決法をもとにロールプレイをする。

実践への意欲付け

　活動を振り返り，今どのようにしたいかを全体で話し合い，自己決定させる。

　※お互いに言い分があること，それを言葉にしないと伝わらないこともあること，感情の違いをどう言葉に表すかがポイント。

　この実践は，椅子を使って気持ちを表すソーシャルアトムというロールプレイの技法の一つです。自分の言い分や思いをなかなか言葉にできない子や感情的になりやすい子がいるときに，心の距離がどのくらい離れてしまったのかを子ども自身で表せることに気付く疑似体験のエクササイズです。

カウンセリング

8月 夏休みミニ研修会② ロールプレイの基本技法

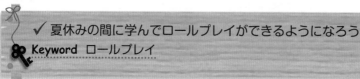

✓ 夏休みの間に学んでロールプレイができるようになろう

🔑 Keyword ロールプレイ

ロールプレイングの基本技法

　ロールプレイング（以後，ロールプレイ）は，通常は1人ないし数人の援助を得て，ある人が普段は演じることのない人物の役割や立場を，筋書きのないドラマの中で即興的，自発的に演じ，それによってその人物が「今，ここ」で感じる感情や思考を自らの内で実際に経験することです。日本語訳のまま，役割演技と言うこともあります。

　ロールプレイを組み立てる基本技法には次のように様々なものがあり，指導・相談場面に意識して取り入れることによって，効果が期待できるものもあります。夏休みの研修会などで実践してみましょう。

役割交換法（ロールリバーサル）

　お互いの役割を交換するように，自分が相手の立場に，相手が自分の立場になりきってロールプレイを行います。言語を介すること以外にも身ぶり手ぶりを交えて行ったりと，言動だけではなく，内面の思いも類推して表現すると，お互いの本来の姿が現れます。互いの視点や感じ方に変化が起こってくる方法です。最後は元の役割に戻すことが大切になります。

　〔例〕いじめる・いじめられる関係，母親・子どもの立場　等

ミラー（鏡映法）

相手のしぐさや言動などの立ち居振る舞いを，相手の前でそっくりまねて演じて見せます。相手は自分の状態，思いや気持ちを客観的に見ることになり，自分自身の行動に改めて気付くことができます。

〔例〕自分本位な言動をする者への気付きを促すとき

ダブル（二重自我法）

二人羽織の2人のように，教師が子どもに寄り添うようにして一緒に動きながら，子どもの迷っている気持ちの一方を強調してつぶやいたり，子ども自身のはっきりしない気持ちや決心を表現したりします。子どもの気持ちを整理したり，気付きを促したりすることができます。

〔例〕自分に自信がない子の主張

自我分割法（エンプティチェア）

自分がジレンマ（心的葛藤）を感じるような場面で，子ども自身が葛藤しているときに，「そうしたい自分」と「そうしたくない自分」の役を友達にやってもらい，本人の前でプレイしてもらいます。自分の心の中の葛藤場面を視覚的に確認でき，自分自身の姿を客観的にとらえることができます。

他にも，2つの椅子を準備し，葛藤場面を想定して子ども自身が椅子を行き来しながら自分自身の気持ちと会話をしていくエンプティチェア（p.96参照）や，ハンドパペットやペープサートなどを左右の手に持って「2人の自分」として会話させるなどの手法もあり，実態に応じて活用できます。

〔例〕自分の課題や問題に気付かない子の指導

他にも「ソーシャルアトム」「未来投影法」「再現法」「加入法」「独白法」「移動法」等様々な技法があります。この機会に研修会・セミナーなどで基礎・基本を学ぶのもおすすめです。

8月 学びにくい子への合理的配慮の アイディア

✓ 活動の際の合理的配慮を確認しよう

🔑 Keyword　活動に際しての合理的配慮

相手を意識した配慮でやる気を引き出す

　我々教師は，学級づくりに限らず，授業中においても，ユニバーサルな支援を尽くしながらも，子ども自身が努力をしても及ばないことがあります。そのようなときは合理的配慮で，個のニーズに応じた支援をすることによりスタートラインをそろえることができます。

　教師側が配慮することでサポートできることも多々ありますが，低学年の子どもたちのやる気を引き出すためには，「"やれた"と実感できること」「"任せてもらえた"という自信をつけること」が大切です。

　低学年の夏休み明けの時期に「子どもたちに任せる」ことを意識して，ステップを設けて抵抗なく活動できるように次のことを確認してみましょう。

　①グループサイズ：ペア⇒3人組・4人組へと徐々に人数枠を広げる

　②グループ活動で：テーマを設けていくつかで区切って話す⇒テーマを設けて時間で区切って話す⇒時間を決めて自由に話す⇒メンバーに任せる

　③質問技法を使う：閉じた質問⇒選択肢を設けた質問⇒開かれた質問⇒数量化した質問⇒自由に考えた質問

1 グループのサイズは

　グループサイズは，子ども自身がペアの活動を十分に理解して，やり方をしっかり身に付けてから3人組にします。3人寄ると文殊の知恵という場合

もありますが，低学年では２対１になってしまう場合もあるので，ペアでやりとりするところに観察者として参加するなどの配慮が必要な場合もあります。そして４人組へと移行していきましょう。

2 グループ活動では

　グループ活動の場合は，テーマを設けていくつかで区切って話すことからスタートしましょう。フレーズは「私は３つ言います。１つ目は○○。２つ目は○○。３つ目は○○です」のような要領です。

　次に，テーマを設けて時間で区切って話します。「１分間つまり60秒で話しましょう」のような指示をします。

　慣れてきたら，時間を決めて自由に話したり，メンバーにテーマや時間を任せるようにしたりします。

3 質問技法を使って

　質問技法は聞かれたことに答えればよいので低学年でもやりやすいです。

　はじめは"閉じた質問"です。「閉じた」とはハイかイイエで答えられる質問のことです。次に"選択肢を設けた質問"です。例えば「Aさんの好きな給食のメニューは次の３つのうちだったらどれですか。①焼きそばパン，②カレーライス，③ラーメン」。そして，ハイやイイエだけでは答えられない"開かれた質問"にしたり，気持ちを聞き出す"数量化した質問"（例えば「うれしいのは10のメモリのうち，いくつ分ですか」など）にしたりして，ステップを踏んだ後に"自由に考えた質問"にしていきます。

保護者対応

8月 夏休みミニ研修会③ 個別面談レベルアップ

- ✓ 教職員研修で個別面談の仕方を学ぼう
- 🔑 Keyword ロールプレイを活用した個別面談

環境づくりで参加者を増やそう

　夏休み中に，ミニ研修会などの機会を活用して，「個別面談のやり方」を学びましょう。

ミニエクササイズ①：「初めての個別面談」を想定して

ねらい　年間計画に設定されている個別面談で，初めて保護者と顔を合わせて面談を行うケースを想定してロールプレイする。緊張感を和らげながら対話ができる雰囲気づくりを目指す。

場の設定

　代表2人が教師役，保護者役になり，教室に保護者が来た場面からのやりとりをする。

エクササイズ

(1)　笑顔であいさつした後，教師役が予定，内容を示して，保護者役の同意を得る。

(2)　初めての面談の様子を再現してみる。

　※ロールプレイの所要時間を自己申告しておき，その時間になったら途中でも終わりとする。

(3)　やってみてどうだったか，教師役，保護者役が気付いたこと，感じたこ

とを発表する。

(4)　観察者が気付いたこと，感じたことを発表する。

(5)　全体で，教師側の受け答えの仕方を考えて，対応マニュアルやポイントをまとめる。

ミニエクササイズ②：「2度目以降の個別面談」を想定して

ねらい　保護者との2度目以降の個別面談を想定し，保護者から学校や担任に対しての要望や願いを引き出すようにする。教師，保護者それぞれの意識のずれをはっきりさせ，話し合いの折り合いのつけ方を体験を通して学ぶ。

場の設定

　3人組になり，教師役，保護者役，観察者役に分かれてそれぞれの役を交替で体験する。面談する場面で，保護者が感じていると思われる感情の"言語化（気持ちを言葉にする）"と意味を尋ねる"意味付け（背景にある意図）"を明らかにし，不安を解消する。

エクササイズ

(1)　笑顔であいさつ後，予定，内容を示して，同意を得る。

(2)　2度目以降の面談（ちょっと慣れた感じ）の様子を再現するようにロールプレイする。※課題は何かを明らかにする。

(3)　やってみてどうだったか，教師役，保護者役，観察者役が気付いたこと感じたこと，不安なこと等をグループ内で発表する。

(4)　グループでの振り返りで出された話題を全体で発表する。

(5)　全体で，教師側の受け答えの仕方，対応マニュアルやポイントをまとめる。

　ミニエクササイズ①では，信頼関係のきっかけづくりとして，緊張感を和らげるためのやりとりを中心にし，②では，保護者の本音を引き出して，課題に対して解決の糸口を見つけるきっかけづくりを意図しています。

9月 「ひと夏の経験202○」を通しての児童理解

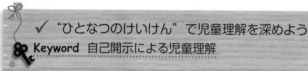

✓ "ひとなつのけいけん" で児童理解を深めよう

🔑 **Keyword** 自己開示による児童理解

「夏休み明けの不安な気持ちを」児童理解

「ひと夏の経験202○」

ねらい　夏休み明け（2学期）に，新しく生活グループのメンバーとして一緒に活動する友達と，夏休み中に経験したことを語り合うことで，それぞれの体験のよさを知り，不安な気持ちを減らすとともに，一緒に活動する意欲を意図的に醸成する。

①しっかり伝わる「聞き方・話し方」

〈シェア（心情面での振り返り）〉

問題の意識化

(1) 夏休みにあった一番の思い出を「ひと夏の経験202○」として，キーワードで発表する。

(2) 出された思い出キーワードをもとに，新しく生活グループのメンバーになる級友と，その経験したことを語り合う。

　※グループのメンバーと語り合うときに，聞き手，話し手それぞれが気を付けなければならないことを確認する。

　・聞く側…相手の目を見て，うなずき，あいづち，内容に気を付けながら，最後までしっかり，質問する…等

　・話す側…はっきりとわかりやすく，場や相手に合った言葉で，笑顔で表

情豊かに，要点をまとめながら…等

②ペアになって「伝え合い」

(1)　ペアになり，自分にとっての「ひと夏の経験202○」を語る。1人1分間，キーワードで発表したことや，自分にとっての楽しい思い出，ちょっと大変だったこと，驚いたこと，感動したことなど，自分がみんなに知らせたい内容を中心に語る。

(2)　互いの話題の中から，相手に質問したいこと，一緒に語ってみたいことなどをもとに，「1分間インタビュー」をする。

③新しい生活グループで他己紹介

〈グループ内での伝え合い〉

　ペア同士でのやりとりから，グループの他のメンバーに他己紹介するように「ひと夏の経験202○」を紹介し合う。

※珍しい体験をしたことや，おもしろおかしく紹介することよりも，聞いた事実をできるだけ正確に伝える（できる範囲の自己開示）ことがよいことを確認し，伝えておく。

振り返り

　「ひと夏の経験202○」をやって気付いたこと，感じたこと，これからのグループ活動への期待等について，グループで振り返る。

[グループでのめあてづくり]

　やりとりや振り返りの中から，グループでのめあてや約束を「○班がんばるぞ宣言！」としてまとめる。

[個人のめあてづくり]

　個人としてがんばりたいことを自己決定し，宣言する。

ルールを知って「つたえかためいじん」になろう

✓ 相手にわかりやすい気持ちの伝え方を使おう

🔑 Keyword　話の順序の確認

わかりやすい伝え方

ねらい　友達とのトラブルの中で「互いの気持ちがうまく伝えられずに起きたトラブル」があることを知り，友達と上手にかかわるためには，相手にわかりやすく伝える技術を身に付け，自分もよく相手もよい関係を意図的に醸成することに気付くことができる。

流　れ

問題の意識化

(1)　普段の生活の中で起こるトラブルの原因は何かを振り返る。

(2)　最近起きたけんかやトラブルなどのうち，伝えたいことがうまく伝わらないために起きたことを取り上げて確認する。

　　※高学年や中学生くらいなら話し合いですぐに出せるが，低学年では，実際あったトラブル場面を教師が提示したり，事前にアンケートをとったりして傾向をつかんでおき，意識のずれを確認しながら問題の意識化を図る。

①「先生からの伝言をクラスみんなに伝えること」を，話す順序を意識しないでする

〔シナリオ例〕

　Aさんがけがをした（事実）ため先生が保健室に連れて行く（理由）ので，着替えが終わったら静かに教室で本を読んで待っている（指示）。

(1)　代表児童がシナリオの順番を意図的に入れ替えてロールプレイする。

(2)　ロールプレイの様子から，気付いたことや感じたことを発表する（言ってみて，聞いてみて，観察して）。

②「先生からの伝言をクラスみんなに伝えること」を，話す順序を意識してする

(1)　代表児童がシナリオの順番を意識してロールプレイする。

(2)　ロールプレイの様子から，気付いたことや感じたことを発表する（言ってみて，聞いてみて，観察して）。

振り返り

(1)　①話す順番を意識しない，②話す順番を意識するの２つのロールプレイから，相手にわかりやすく伝えるにはどのようにしたらよいかの視点で，気付いたこと，感じたこと，提案したいこと等を振り返り発表する。

(2)　出されたことをもとに，自分だったらどのように気を付けたいかを自己決定する。

③活動「伝え方名人」を目指して

　振り返り（自己決定したこと）をもとに，「わかりやすく伝える」ためのポイントを全員で確認し，ペアになってロールプレイする。

※例示している「事実―理由―指示」だけではなく，「大切なこと（指示）を先に言い，理由を後に述べて，さらに大切なことを述べる」「結論から先に述べてその理由を後に述べる」等，学年の実態や発達課題等により，「伝え方名人」になるためのポイントをまとめる。

リレーションづくり

9月 「ウォンテッド＝この人をさがせ」ゲーム

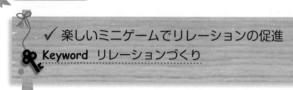

✓ 楽しいミニゲームでリレーションの促進
Keyword リレーションづくり

夏休み明けのリレーションづくり

　低学年の夏休み明けすぐのリレーションづくりには，「ウォンテッド＝この人をさがせ」という探偵ゲームの要領で友達を見つけてサインをもらうエクササイズがおすすめです。

「ウォンテッド＝この人を探せ」

ねらい　　互いに質問したりされたりする活動を通して，自分や友達のよいところに気付き，仲良く活動しようという意欲をもつことができる。

身に付く力　　共感性の促進

ミニゲームのやり方

　「ウォンテッド＝この人をさがせ」のやり方を知り，テーマに合わせて該当する友達を見つけ，サインをもらう。

　【「ウォンテッド＝この人をさがせ」のルール】

　・制限時間は８分間（延長やおまけタイムはしない）。

　・質問項目に合う人を見つけ出してサインをもらう。

　・サインは１枚のカードに１人だけ（１度もらったらおしまい）。

　・全部（10個程度）埋まったら席に着く。

　・席に戻ったら，誰にどのサインをもらったかを新しいグループのメンバ

—に紹介する。

流れ

(1) 教師がカードの項目をゆっくり読み上げて，全員で確認する。

〔夏休みバージョンの項目例〕「プールに５回以上入った」「本を５冊以上読んだ」「夏らしい食べ物を食べた（スイカ・アイス・なすなど）」「キャンプに行った」「どこかにお出かけした」「乗り物に１時間以上乗った」「花火を見た・した」「のんびり過ごした」「お手伝いをたくさんした」など，時期や子どもの実態に合わせて項目を決めるとよい。

※複数人数が当てはまる質問にした方が，サインをもらえる確率が高くなる。

(2) 全員で一斉に「ウォンテッド＝この人をさがせ」をする。

※全体で５〜10分制限にしたり，終わった人は素早く席に着くようにしたりして，あまり時間をかけない方がよい。

(3) やり終えたら，どのような気持ちかをお互いに振り返る。

「Ａさんは水泳が好きだから５回以上プールに入ったと思って聞いたら，お出かけしていて４回しか入れなかったと聞いて，びっくりしました」

「Ｂさんはお手伝いしたと思って聞いてみたら，毎日していると聞いて，まねしたいと思いました」

「Ｃさんに『スイカは好きですか？』と聞かれて，苦手だったので，どうしようか困っていたら，私は苦手なのと教えてもらって，自分の気持ちをわかってもらったような気がしました」

> **Point▶** 共感性の促進への効果
> ○自分の気持ちを共感的に理解してくれる友達がいることで，これからの学級生活が安心できるものになることを体感できる。

ユニバーサルデザイン

9月 対人関係における困難さへの援助

✓ 対人関係で苦戦する子への適切な対応の仕方を考えよう

Keyword 低学年で起こりがちなトラブル場面

対人関係・コミュニケーションの困難さへの対応

　学級集団を良好にすることと学習への取り組み方を良好にすることの間には，深いつながりがあると考えられています。学級集団に課題がある場合，人間関係を良好にするためのアプローチだけでなく，一人一人の学びをよりよくするアプローチも視野に入れた取り組みが期待されます。

　次の項目は，低学年で起こりがちな1対1のけんかや思い込みなどのトラブル場面や指導に課題を感じることを挙げたものです。ご自分のクラスでも確かめてみましょう。

トラブルが起こりやすい場面や時間帯

・登校後すぐ，荷物の準備をしているとき
・校庭の遊具で遊ぶ場面
・いつも自分が読んでいる学級文庫の本を他の子どもが先に使っていたとき
・自分がいつも遊んでいる場所に他の子どもが来ると「来るな」と言うとき
・「○○さん，ダメだよ」と注意されたとき
・一人だけ取り残されてしまった雰囲気のとき

よりよい人間関係が築けない

- 相手への気づかいが不得手で，当たり前と思われる「暗黙のルール」が理解できない
- 相手の何気ない一言に傷つく
- 大切なことを忘れる
- 集団への所属意識が低い
- 周囲の子を否定的にとらえがち

安心感をもたせるためにどうするか

- 言葉を確実に届ける
- 込み入った話は絵にする
- 見通しをもたせる（次にすることを明示する）
- わかりやすく，覚えやすいよう，視覚的に示す
- 課題を明らかに示す
- もめ事は図・パネルで説明する

パニックのときどうするか

- 共感的に受け止める
- 別室で落ち着かせる
- しんどいところを教師と一緒に乗りきる

　学級集団の成長のプロセスは，学級集団は段階を経てまとまり，教師主導から委任的に移行するといわれています。よって，段階的，意図的な指導・支援が必要だということになります。それぞれの学級の段階を意識した上で，ユニバーサルデザインのあり方や具体的な取り組み方を考えていくとよいということです。

ルールづくり

10月 「これはいじめでしょうか」
認識のずれからいじめを知る

- ✓ エピソードを使ったいじめの指導
- **Keyword** エピソード法　低学年のいじめ

いじめの認識に役立つエピソード法

　いじめの自死事件の増加以降，いじめ問題は社会問題の一つになり，全国の学校では頻繁にアンケート調査を実施しています。低学年の子どもたちにも調査しますが，一斉のアンケートの場合，教師側からはそう見えなくても「いじめられた」と答える子どもたちがいます。

　低学年の場合は，いじめと意地悪，悪ふざけとの違いがわかりにくいことが多く，感情的な快や不快で「いじめられた」と認識してしまう子もいます。

　「いじめはいけません」と声高に言って聞かせればすぐに納得し，解決するという認識ではない対応が求められます。指導例を紹介します。

「これはいじめでしょうか」エピソードを使って

教　師　最近いじめられたと言う人が多くなっていますが，みなさんはどんなときがいじめなのかわかりますか。

子ども　けんかをして意地悪を言われたときにそう思います。

子ども　心がチクチク痛くなるようなことを言われてかな？

子ども　１対１のときはけんかだから，いじめじゃないって聞いたことがあるよ。

子ども　いじめっていろいろあるのでよくわからないなぁ……。

①エピソードをもとにいじめについて話し合う

【エピソード①むしをする】	【エピソード②見ている】
Ａさんがいたずらしたりらんぼうしたりするので，みんなでむししようとやくそくした。	先生がいないときにＡさんがＢさんのくつをかくした。私は見ていたが，だまっていた。

②出されたエピソードを振り返って

子ども　いたずらしたり，乱暴なんだから，みんなで無視してもいいと思うけどなぁ。

子ども　たとえいたずらっ子でも，たくさんの人から無視されると，私なら悲しくなる。

子ども　Ａさんはふざけてくつを隠したからいじめじゃないと思う。

子ども　くつを隠した人もそれを見ていた人も，一緒に隠したようで嫌な気持ちになる。

③認識のずれを確認し，いじめについての意識の共有化を図る

教　師　一人の人に，みんなで一緒に苦しい気持ちをさせてしまうことはいじめになります。また，いじめと知っているのに，知らないふりをしている人もいじめをした人と同じになります。

10月　ルールづくり

> **Point**
> ○1年生がいじめを認識しやすいように，エピソードや絵に表して場面を想定した上でいじめを確認する。
> ○多くの場合，いじめる側にいじめたという意識がない場合が多く，どのようなかかわり方で，どのような不快な思いになるかを疑似体験させるつもりで指導に当たると実感しやすい。

10月 不快な気持ちの適切な伝え方を学ぼう

✓ ちょっかいをかけられた側の不快な気持ちを適切に伝える伝え方
Keyword シナリオロールプレイ

ちょっかいをかけられたときの気持ちの伝え方

　10月は学校行事が設定されている学校が多く，自分の成長を実感したり，学級や学年の成果やまとまりを感じたりするなどやる気が出る時期です。

　最近，低学年の学級活動では，ソーシャルスキルを育むために似たような活動がエクササイズとして取り入れられていますが，自分たちの課題，自分や友達のことを意識した実態に応じた不安や悩みの解消を加味することで，われわれ意識の醸成や折り合いのつけ方を学ぶことを体験的に身に付ける取り組み例を紹介します。

自分もよく相手もよい関係づくり
「不快な気持ちを適切に伝える伝え方」

ねらい　友達とのトラブルの中で相手に自分の気持ちをわかりやすく伝えるスキルを身に付け，自分もよく相手もよい関係を意図的に醸成することに気づくことができる。

活　動

問題の意識化

　ふだんの生活の中で「友達に嫌なことをされたときに，感情的に気持ちを伝えてしまうために起こるトラブル」があることを振り返る。

[エピソードの例] ①痛かった足を踏まれてしまった。②脇の下をくすぐられ，自分にとって不快だった。等

(1) ドラえもんの登場人物「のび太君」「ジャイアン」「しずかちゃん」になりきって，「嫌なことをされたときにそれぞれの立場で気持ちを伝える」ことをテーマにシナリオロールプレイする。

〔状況設定のシナリオ例〕

　Aさんは，昨日足をけがしてしまった。それを知らないBさんは，ふざけてAさんの足を踏んでしまった。

のび太君役…自信がなく，はっきり気持ちが伝わらない感じ

ジャイアン役…ちょっと乱暴で，一方的に自分の気持ちを伝えようとする

しずかちゃん役…主張的で明るくさわやかな感じで，自分の気持ちを伝える

(2) ロールプレイの様子から，気づいたことや感じたことを発表する（ロールプレイして，ロールプレイを見て）。

振り返り「解決方法の自己決定」

(1) ロールプレイから，相手にわかりやすく，不快な気持ちを伝えるにはどうしたらよいかという視点で振り返り，発表する。

(2) 出されたことをもとに，自分だったらどのように伝えるかを自己決定する。

(3) 「不快な気持ちを適切に伝える」ためのポイントをもとに，子ども自身から出た気づきや感想，実感したことを発表し合う。

　今回の「不快な気持ちの伝え方」は，解決方法の自己決定→決定に基づき努力するという一連の指導過程を重視しているので，決定後にどう実践するかが大切です。トラブルの予防に活用していただきたいです。

10月 ミラー法で「なかよしミラー」ゲーム

✓ 子どもに受け入れられやすい対応の仕方を学ぼう
🔑 Keyword ミニゲーム，ミラー法（ミラーリング）

まねっこゲームで相手の気持ちに気づく

　ミラーリングとは，相手の言動やしぐさなどをミラー（鏡）のようにまねることにより，相手に親近感をもたせたり好感を抱かせたりする心理学の一技法です。「ミラーリング効果」とも呼ばれています。

「なかよしミラー」

ねらい　自分の前に鏡があるつもりで相手の動きをまねて，どのような気持ちかを知り，共感することができる。

身に付く力　共感性の促進

ミニゲームのやり方

インストラクション

　なかよしミラーのやり方を知り，テーマに合わせて無言で実施する。

・「なかよしミラー」というゲームをします。誰か一人がやった動きを鏡に映したように，みんなでまねをします。同じ姿勢や動きをして，相手の人が思ったことや感じたことをわかるようにします。

〔手順や注意点の確認〕
①やる人とまねをする人の順番を決める。
②やっている間は口を閉じ，しゃべらない（無言）でやること。
③飛び乗るなどのけがになるような動きはしない。
④１人２分ずつ「なかよしミラー」をやり，終わったらどんな気持ちだ
　　ったかを伝え合う。

①隣の人とペアになってなかよしミラーをする

　「向かい合い」「同じ方向を向いて」「斜め向き」など，やり方を工夫する
とよい。やり終えたら，どのような気持ちかをお互いに振り返る。

子ども　相手の人の動きに合わせるのはちょっと難しかったけど，ぴったり
　　　　　合ったときは気持ちがよかったです。

②グループになってなかよしミラーをする

　順番を決めて，代表者が一人ずつ交代で行う。他のメンバーは，扇形に広
がって向かい合うようにして実施する。

　※一人あたりの持ち時間を決めて実施するとよい。

　やり終えたら，どのような気持ちかをお互いに振り返る。

子ども　どんなに速く動いても花子さんが上手にまねをしてくれたので，す
　　　　　ごくうれしかったです。自分の気持ちをわかってもらったようです。

教　師　なるほど。言葉でうまく伝えられないことでも，身振りや手振りで
　　　　　伝えることができるものなのですね。自分の気持ちがわかってもら
　　　　　えることってうれしいことなんですね。

Point 共感性の促進への効果
○自分の気持ちを共感的に理解してくれる友達がいることで，これから
　の学級生活が安心できるものになることを体感できる。

保護者対応

10月 保護者から理解を得るような連絡の手順

✓ いじめの訴えがあった後の連絡は，相手の心情に寄り添う姿勢で
 対応しよう

🔑 Keyword 傾聴の姿勢で事実確認・事実把握

保護者から理解を得るような連絡の手順とは？

　電話や連絡帳でいじめの相談があった場合を想定して，「保護者から理解を得るような連絡の手順」を確認してみましょう。私は次の6つのステップで対応してきました。

①保護者からの主訴をしっかり聴き取り，返事をするための大まかな日程や
　時間（いつごろまで時間が欲しい）等を伝える。

　Point 保護者が感情的になっているときは，いったん落ち着くまで時間
　　　　をとり，受け止めるように話を聞くことを心がける。当事者や双
　　　　方の話をしっかり聞くこと，期限までにわかったことを伝える。

⬇

②「保護者から理解を得るような子どもへの指導の手順」（※ソーシャルア
　トム参照）を参考に事実確認をしっかり行う。

　Point 担任の思い込みや推測を含めて話をしてしまうと，不信感を招い
　　　　てしまうことにもなりかねないので，気を付けたい。

⬇

③保護者が感情的になっているときや，事態が複雑なときなどは，保護者の
　表情や反応をつかみながら話ができるように連絡帳や電話は避けて，直接
　会って話をしたほうがよい。

④家庭訪問や面談をする際は，保護者の心理状態を確認した上で，話の筋を決める。

> **Point** 中には，確認した事実を伝えると，急に感情的になって，我が子をかばったり，相手を非難しようとしたりするケースもあるが，一時的な場合が多いので，しっかり吐露させるように話を聞くことがポイントになる。

⑤確認した事実や指導した内容を伝える。

> **Point** 子ども同士のトラブルでは，関係した双方の保護者にどのように納得してもらえるような説明ができるかがポイントになる。
> 経験上，困っていてしっかり相談したいと思っている保護者には，手順を追って丁寧に，実際に何が起きたかという事実を知りたい場合は結論から伝えると，こじれずに済むことが多い。

⑥今後の方針について話し合い，家庭の協力を得る。

> **Point** どちらが加害者・被害者かにかかわらず，我が子にも相手の子にも，発達上の課題であることを双方の保護者に理解してもらえるように働きかけ，家庭の協力を得る。

　低学年では，社会性を意識できる部分と，自己中心的な傾向が混在しているので，自分の思いがゆがんだ行動になって表れてくることもあります。本当はどのように思っているのか，感情や心情を伝えることがポイントです。

10月 保護者対応

11月 中間反抗期を意識した 多面的な児童理解

✓ 中間反抗期を意識した子どもとのリレーションづくり
Keyword 様々なリレーションづくり

中間反抗期を予防する取り組み

平成28年度「児童生徒の問題行動等生徒指導上の諸問題に関する調査」によると，学校の管理下・管理下以外における暴力行為発生件数の推移は右図の通りで，ここ数年小学生（特に低学年）が急増しているようです。

小１プロブレム・中間反抗期の課題もあり，「ルールとリレーションのバランス」が影響しているようで，次の点に気を付けたいものです。

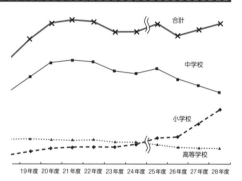

19年度 20年度 21年度 22年度 23年度 24年度 25年度 26年度 27年度 28年度

学校の管理下における暴力行為発生件数の推移

【荒れた学級にしないためのポイント５】
1 安全に安心して生活できる「安全安心」
2 多様な人と，肯定的につながれる「人間関係」
3 人の話を聴くことができる「聴く」
4 協力して助け合いながら仕事を行える「協力」
5 多様な考えを通して学ぶ場ができる「学び合い」

人間の五感を多用した技法：ノンバーバルコミュニケーション

　低学年にとっては，学級の荒れに限らず，日頃の生活に不安や不満をもっている子のイライラがトラブルの要因の一つになっているようです。子どもと信頼関係を育む教師のリレーションのとり方がポイントになります。

子どもとのリレーションづくり

　普段から心がけているとは思いますが，より心理的な距離を縮めるために次のことを実行しましょう。

①みつめる…さりげなく目を合わせてみると，何か気になることがあるときに，わざと目線をずらしたり，シグナルを送ってきたりする子がいます。ほんの一瞬でも目を合わせてみましょう。

②微笑む…すれ違ったときや，何気なく目が合ったときなど，たとえ何も話さなくても，優しく微笑むだけで心が通じ，安心感が生まれるものです。

③触れる…高学年以上の学年や，異性の子どもには安易に触れてはなりませんが，低学年の頃はスキンシップの意識で軽く触れる程度のコミュニケーションも信頼を深める要素になります。

④話しかける…チャンス相談の意識で，一声かけたり，気になったことを尋ねたりします。

⑤ほめる…容姿や表情，あらゆる言動に対して，肯定的に受け止め，特に内面の成長や変容に対してぜひ一言伝えましょう。

　特に①〜③は「表情」「声」「行動」などの情報を用いた方法で，ノンバーバル（非言語）コミュニケーションと呼ばれ，その名の通り「言語」以外の情報をもとに，相手とコミュニケーションをとる方法です。

　相手の気持ちを「目で見る」「耳で聞く」「体で感じる」という，人間の五感を多用したコミュニケーション方法で，「安心感」や「話しやすい雰囲気」をつくり，相手と信頼関係を築きます。

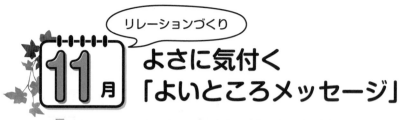

リレーションづくり

11月
よさに気付く「よいところメッセージ」

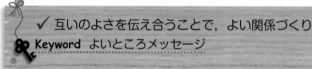

✓ 互いのよさを伝え合うことで，よい関係づくり

Keyword よいところメッセージ

　　エンカウンターの定番エクササイズといわれている自己肯定感を高める活動を体験することで「シェア（心情面での振り返り）」をし合い，心理的気付きが得られる取り組み例を紹介します。

自分や友達のよさに気付く「よいところメッセージ」

ねらい　　友達のよさを見つけてメッセージをプレゼントすることで，自分がどのように見られているかを知り，自己の存在感を実感することができる。

①肯定的メッセージと意識のずれの確認

＜シェア（心情面での振り返り）＞

問題の意識化

(1)　「友達に言われてうれしかったこと」を振り返り，どんな言葉で，どんな気持ちになったかを紹介する。

　　優しい→うれしい　明るい→にこっ　楽しい→いっしょにいたくなる

　　まじめ→このままでいこう　えがお→ホッとする

　　がんばりや→認めてくれる　字がていねい→またがんばる　等

(2)　最近はどのくらい言ったり，言われたりしているかを確かめる（挙手）。

　　言われる側…あまり多くない　言う側…多い

この差異から，言っているつもりだけど伝わらないという意識のずれを確認し，互いにもらってうれしい「よいところメッセージ」を伝え合うことを確認する。

②ペアになって伝え合い

　ペアになり，相手の「よいところ」を一人に３つずつ考え，伝え合う。

Ｂさん　私の思うＡさんのよいところは①言葉がていねい，②助けてくれる，
　　　　③優しいです。

Ａさん　ありがとう。

のように伝え合い，二人とも終わったら，言ってもらった感想を互いに語る。

※表面的なよさだけでなく，内面的なよさにも触れるように促すとよい。

③生活グループで他己紹介

〈グループ内での伝え合い〉

(1)　ペア同士でのやりとりから，相手から言ってもらった３つの言葉と，言われたときの気持ちを，グループの他のメンバーに１分ずつで紹介する。

(2)　ペアにならなかったグループの他のメンバーとも「よいところメッセージ」を伝え合う。

　　※伝え合うときは，言われる側の友達に正対（言われる人に対して扇型に座るように指示）して，はっきりした言葉で伝える。また，同じ言葉を同じグループの他のメンバーに伝えてもよいことを確認する。

振り返り

　「よいところメッセージ」をやって気づいたこと，感じたこと，思ったことなどをグループで振り返る。

※友達に伝えた言葉から，人にはそれぞれよいところがあること，自分自身にもよいところがあることを確認する。

11月 いじめを生まない「仲間はずれ」ロールプレイ

✓ いじめを生まない人間関係づくり

Keyword ロールプレイ，再現法

「仲間はずれ」ロールプレイを使ったトラブル解決

　最近よく問題視されるいじめ問題は，互いの意識のずれからくるケースが多く，ロールプレイを活用して意識のずれに気付き，感情の振り返りを経て行動の見直しにつなげることは，トラブルを起こした当事者同士が納得しやすいというメリットがあります。

仲間はずれロールプレイ

ねらい　休み時間のトラブルの中から「仲間はずれ」の場面を例にロールプレイし，「する側とされる側」との意識のずれに気づき，いじめをしない自分づくりの一助にする。

活動1

問題の意識化

　「最近気になること」のアンケートから，「いじわるを言う側と言われる側」の意識の違い（ずれ）があることに気づく。

原因の追究・把握

(1)　休み時間のドッジボールに混ぜてもらおうとして，混ぜてもらえた子と混ぜてもらえなかった子がいたという事例からシナリオをもとにロールプレイする（展開はある程度演者に任せる）。

(2)　演じた後の感想を話し合う。

　　※仲間はずれにする側，される側，一緒にいた人（はやし立てる等），ロールプレイの様子を見ていて等，それぞれの立場で振り返るように配慮する。

(3)　話し合いをもとに，解決できる具体的なやりとり場面を想定してシナリオを作る。

振り返り「解決方法の自己決定」

　　ロールプレイをもとに振り返り，仲間はずれにする側とされる側の意識のずれがあることに気付かせる。

活動2　「決定に基づき努力をする」

問題の解決や対処の仕方

　　シナリオをもとに，解決場面をロールプレイし，演じた後の感想を話し合う。

実践への意欲付け

(1)　全体でシェアリングをする。

(2)　振り返り（自己決定したこと）をもとに，「自分もよく相手もよい解決の方法」を確認し，自分がそのような場面にあったら，どのように対応・対処するかをロールプレイして確かめる。

　　※グループのメンバーと，仲間はずれにする側，される側，一緒にいた（はやし立てる等）人，ロールプレイの様子を見ていて等，それぞれの立場を意識させて，主張的に相手に気持ちを伝える方法の練習をする。

振り返り

　　話し合いで出た気づきや感想，実感したことを発表し合う。

　※「やってはいけないからしない」のではなく，「相手の人が嫌な思いをするからしない」と，相手のつらさを実感できるようにさせたい。

11月 「感情を伴った振り返り」で感情のコントロール

✓ 「感情を伴った振り返り」で感情のコントロールを学ぼう

🔑 Keyword 感情のコントロール

気持ちのコントロールが苦手な子への対応策

　低学年では，学校行事が落ち着くこの時期に，「勉強がわかるようになりたいのにわからない」「友達が自分の気持ちをわかってくれない」という不満をもち，イライラして周囲に文句を言ったり，八つ当たりをしたりする子どもが見られる場合があります。

　多くの場合，そのように振る舞ってしまう理由を聞いたり，主訴に対しての対応策を考えたりして落ち着くことができるようになりますが，中には一度キレると落ち着くまでに時間がかかってしまう子どもがいる場合もあります。気持ちのコントロールが苦手な子への対応策を考えてみましょう。

感情を伴った振り返り

　カウンセリング技法の一つに「シェア（心情面での振り返り）」があります。できた，できないなどの成果や結果の振り返りだけではなく，そのときの気持ち（感情）を確認するやり方のことです。

　中学年以上であれば，自分の感情を伝えることはできますが，低学年には難しい場合が多いので，質問項目を工夫することをおすすめします。

「うれしかった気持ちは10のメモリのうち，いくつ分になりますか」「嫌な気持ちを風船で表すとしたらどのぐらいの大きさですか，手で表してみてください。それには重さはありますか？　スイカよりも重いですか？」のような聞き方をします。

スケーリングクエスチョンは，けんかやトラブルがあったときなどにも活用できます。感情的になっている子は，理由だけでなくそのときの気持ちも聞いてもらえることで，イライラが減ったり，落ち着きを取り戻したりすることもあります。

気持ち切り替えタイム＆スペース

イライラした際に，前述のように，自分の感情と向き合って気持ちを落ち着かせることができる場合もありますが，中には感情を抑えきれないままの場合もあります。

そのようなときにおすすめなのが，「気持ち切り替えタイム＆スペース」です。

"気持ち切り替えタイム"とは，気持ちを落ち着かせるために時間をとることです。教師が事前に，子ども自身が落ち着くまでどのぐらい時間がかかったかを確認しておき，「前回は○分くらいで落ち着けたけど何分ぐらい必要ですか？」と聞き，タイマーを子どもに持たせて確認させます。

"気持ち切り替えスペース"とは，気持ちが切り替わるまで，離席して教室の隅の方にいたり，他の教室などに離室したりするというものです。

イライラして我慢できなくなってきたら"せきをはなれますカード"と"ここに行きますカード"を机の上に置き，離席してもよいという約束をしておき，タイマーを使って自分で時間管理をさせるようにします。できるだけ早く気持ちを切り替えて着席できるように配慮します。

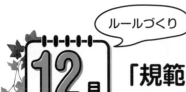

ルールづくり

12月 「規範」と「規範意識」のおさえ

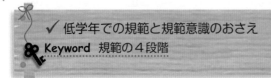

✔ 低学年での規範と規範意識のおさえ

Keyword 規範の4段階

低学年としての「規範」のおさえ

　低学年は，自己中心性も残り，集団生活のルールなどの理解が不十分なところもあります。それだけに，教えなければならないことや繰り返し指導していかなければならないことはたくさんあります。

　集団生活に必要な規範，社会の中で人間として生きていくために大切な規範は，教師が責任をもって指導すべきところです。

　人が互いに尊重し協働して社会を形作っていく上で共通して求められるルールやマナーを学び，規範意識などを育むとともに，人として生きる上で大切なものとは何か，自分はどのように生きるべきかなどについて，時には悩み，葛藤しつつ，考えを深め，自らの生き方を育んでいくことが求められます。

「規範」…人間が行動したり判断したりするときに従うべき価値判断の基準

「規範意識」…規範を守り，それに基づいて判断したり行動したりしようと
　　　　　　する意識

集団の成熟度・発達の目安として

　「規範」の発達段階の目安は次の4つの段階が考えられると思います。

①自分の言動に対して，それがもつ意味を定型的に確認しながら，実行したことを承認してもらえるよう繰り返そうとする。
②大人や年上の子どもをモデルにし，言動をまねて，規則やきまり通りに行動しようとする。
③相互に尊重・尊敬し合い，共通・共同的な言動を行いながら，集団の成員の合意形成により，規則は修正が可能だととらえる。
④常に規範を意識して実行し，互いに承認しながら高め合う。

①は幼児から1年生まで，②は2〜3年生，③は4〜6年生，④は高学年から中学生にかけて目指したい姿です。

規範と規範意識

　規範は，もともとは他者から示される基準なので，その基準の意味を理解し，納得して初めて自分自身の基準になります。規範の意味について理解や納得をしないで，他者から示された規範に従っているだけでは，いずれ自分で判断し，行動することができなくなります。よって規範を教え込むだけの指導では規範意識は育たないということになります。

　低学年は，大人の言うことを比較的素直に聞くことができる時期だけに，「これは生きていく上で必要なこと」という，規範の大切さや意味などについての説明がおろそかになることもあります。低学年に限らず，高学年までの先を見据えて規範を内面化できるよう実践をしていきましょう。

　筆者のおすすめは，もめ事やトラブルが起きたときに，ことの起こりや状況，解決した経緯や経過を示すことです。「みんなで学びタイム」と称しています。効果的なのは，関係性がわかるように黒板に図式化し，矢印を使って，そのときの心情を考えさせることです。次の行動へと結びつくようにします。

12月 課題解決「一対一のけんか」ゲーム

✓ 感情を知って折り合いをつけることの大切さに気づく

Keyword 役割交換法，ミラー法

ロールプレイで相手の心情理解

教　師　昨日の掃除のときにけんかをした友達がいました。とりあえずは納得したのですが，まだ二人ともすっきりしていないそうです。もしみなさんが友達とけんかをして，仲直りできなかったら，どうしますか。

子ども　私は，どうしようと悩んだり，悲しくて泣いてしまうかも……。

子ども　ぼくは，あきらめるか，そのまま時間が経つのを待つかな。

　※いろいろな解決方法があること，自分もよく相手もよい関係になるにはどうするとよいのかを考えさせたい。

①エピソードから場面状況を設定する

　「Aさんが掃除をしていると，自分の役割が終わったBさんが，廊下で別のクラスの人としゃべっています。Aさんは『さぼるな』と怒りましたが，Bさんは『自分の分はやったのだから文句を言うな』と言い返しました。そこで2人はけんかになってしまいました」という場面にする。

②代表児童がロールプレイをする

A　役　どうして掃除中にしゃべっているの？

B　役　自分の分は終わってるから別にいいだろ。

A　役　掃除は最後までしゃべらないでやらなくちゃダメじゃないか！

B　役　掃除中にしゃべってはいけないって誰が決めたの？　やることやれ

ばいいじゃない。

③振り返り

A　役　Aは，黙って最後まで掃除をしたいことがわかりました。Bが言った「誰が決めた」というのを聞いてドキッとしました。

B　役　私はいつも黙ってやっていますが，ダメって言われて悩んでしまいそう。急いで伝えたいことがあったのかもしれないと感じました。

観察者　見ていて感じたのは，どちらも主張したいことがあるので，話し合いで決めるといいと思いました。

観察者　互いに言い分があるので，どっちの考えも取り入れたルールを確かめて，自分も相手も気持ちよく過ごせるようにしたほうがいいと思います。

④集団決定・自己決定に向けて

　どちらも納得できる方法を話し合い，クラスのルールとして決めさせる。また，自分は今後どうするかも決めておくと同じような場面にあったときに，自分の気持ちを伝えやすいことも補足する。

> **Point** ルールを意識することへの効果
> ○ある程度の関係性が取れる場合，互いにルールを意識しなくなりがちなので，「親しき中にも礼儀あり」の言葉のように，確認し，しっかり言語化することで，ルールを意識するきっかけになる。

ユニバーサルデザイン

12月 「みんなでしんぱいごとをなくそう」 ロールプレイ

✓ 不安や悩みの解消で，社会的能力を高めよう

🔑 **Keyword** シナリオロールプレイ

「みんなでしんぱいごとをなくそう」

ねらい 　学校生活の中で起こる様々な不安や悩み，心配事が誰にでもあることを確かめ，解消するためのアイディアを出し合うことができる。

活動1 「教室内の不安や悩みの確認」

＜シェア（心情面での振り返り）＞

問題の意識化

(1) 「教室にいるときに不安や悩み，心配事等がある」友達がいることに気づく。

　※どのようなことかは直接言いにくいこともあるので，無記名で事前にアンケートをとり，グラフ化したり，集計してランキングにしたりしておくとよい。

　〔項目例〕友達のこと，勉強のこと，休み時間のこと，当番活動のこと等

活動2 「グループごとの活動」

(1) グラフを見て気が付いたことを伝え合う。

　※出された内容について意外だったこと，気づかなかったこと等を中心に確認する。

(2) 特に自分が気にしていなかったことで，友達が選んだことについて，どのような手だてをとればよいかを話し合い，グループのテーマを決め，ロールプレイ用のシナリオづくりをする。

〔友達関係での悩みのシナリオ例〕誘いを断れない
①ごめんね，せっかく誘ってもらったのだけど。
②今日はおじいちゃんのお見舞いに行くことになっているの。
③お母さんとも約束しているし，だからせっかくだけど今日は一緒に遊
　べないんだ。
④あさってなら一緒に遊べるけどどう。

(3)　できたシナリオを使ってグループごとにロールプレイをする。
　　※遊びに誘う人，断る人，側で見ている人，全体を見ている人の立場に役
　　　割を分けて実施し，全員がそれぞれの役を体験する。
(4)　行ってみての感想を伝え合う。

活動3　「全体での活動」

　　グループごとにやったシナリオロールプレイで，みんなにおすすめの取り
組みを希望のグループが行う。
※グループが希望しない場合は，教師がグループを推薦したり，シナリオを
　紹介してもらったりして全体にフィードバックする。

　　不安や悩みは，場合によっては負のエネルギーとして，引きこもりや不登
校など不適応につながる場合もあります。社会的スキルの育成のためにもこ
のロールプレイをぜひ取り入れたいものです。

保護者対応

12月 懇談会での おすすめエクササイズ

✓ 懇談会・保護者会にはエンカウンターを取り入れてみよう

Keyword エンカウンター，自分にごほうびを

懇談会・保護者会の参加者のニーズは？

　保護者が学級懇談会や保護者会に求めるものは何でしょうか。それは何と言っても，我が子の学校での生活ぶりを知ることができるということであると思います。普段学校のことをよく話してくれる子どもであればなんとなく雰囲気がつかめるものですが，あまり学校のことをしゃべらない子であれば，我が子の生活ぶりがよくわからず，ぜひ知りたくなるものです。

　担任の側からのお願いや要求ばかりが目立つ保護者会であったり，型通りの内容で終わってしまったりするものであれば，何のために集まったのかがわからず，魅力のない会として受け取られ，自然と足は遠のくと思います。

今こそエンカウンターを取り入れて…

　私のとっておきの方法は，エンカウンターのエクササイズやロールプレイを生かした取り組みです。

初めての出会いを生かして

　子どものこともさることながら，保護者会に参加する保護者同士の関係がスムーズであれば，本音で話し合いができると思います。

　その意味でも，第一印象をよくするような出会いの場を大切にしたいと思

います。多少ゲーム性の強いエクササイズで雰囲気を和らげることができます。

保護者会が楽しくなるしかけづくり

　自分が子どもの頃に戻って物事を見つめ直したり，子どもの「今」を確認したりするなどして，ふだん何気なくやりとりしていることをもとにエクササイズを展開しながら振り返ってみます。

さまざまな悩みを共有する場面の例

　子育ての中での一場面を設定して，ロールプレイで再現したり，役割交換してそのときの気持ちを実感したり，対処方法をシミュレーションしたりします。子育ての練習問題を一緒に考えたり，アイディアを出し合ったりして，遠慮なく相談できる関係を築くのに役立ちます。勿論エンカウンターのエクササイズも活用できます。

自分にごほうびを

　子育ては，「できて当たり前」というイメージがあります。保護者自身が勇気や活力を得られることが，子どもたちにとってもプラスに働きます。「ご苦労様」「ホッと一息つきましょう」という気持ちを込めて自分にごほうびがあげられるエクササイズの展開が考えられます。

　エンカウンターのエクササイズは保護者向けのものも開発されています。さらに，ミニ（ショート）として，ロールプレイやソーシャルスキルのエクササイズをアレンジするなど「とっておき」の保護者会にすることができます。

1月 気を付けたいハロー効果とラベリング効果

✓ 低学年の児童理解で気を付けたい心理効果を確認しよう

🔑 Keyword　ハロー効果・ラベリング効果

児童理解で気を付けたい心理効果

　児童理解をする際に，教育効果を上げる心理効果の例として「ハロー効果」「ピグマリオン効果」「ラベリング効果」の３つは有名ですが，ともすると，マイナスの効果をもたらしてしまうこともあるので気を付けて対応したいものです。

　特に低学年ではこの３つの効果のうち，ハロー効果・ラベリング効果に気を付けたいものです。

ハロー効果

　ハロー効果とは，ある対象を理解や評価するときに，目立ちやすい特徴に引きずられて，他の特徴についての理解や評価まで変わってしまう心理現象のことを言います。

　目立ちやすい特徴には，見た目が大きく影響し，その人物の際立った特徴に幻惑されて全体的に高い評価をしたり，低い評価になったりする心理のことを言います。

　「ハロー効果」は"思い込み"や"先入観"の一種で，それ自体ではそれほど大きな影響力はありませんが，誤った子ども理解になりかねません。

〔ハロー効果への対応例〕
他の人と話をして「ひょっとしてハロー効果が働いているのでは？」と確認し，冷静に分析する。

ラベリング効果

　ラベリング効果とは，相手に対して，「あなたって○○な人だよね」と決めつけるようにラベルを貼る，1960年代にハワード・S・ベッカーによって提唱された社会心理学の理論です。ラベリングされた本人は，貼られたラベルの通りの行動をとるようになるといわれています。

　どうしても自分の思いこみや過去の経験から相手の性格や心情を判断してしまうため，相手の悩みを相手目線で聞いてあげられなくなります。つまり，子ども理解の基本である共感的な理解がしにくくなってしまいます。

　また，教師の何気ない気持ちで伝えた一言が，知らないうちにその子の認識として定着したと思いこみ，集団の中で位置づけられてしまう場合もあります。

　ラベリング効果によって多様な成長をゆがめてしまう場合があります。十分気を付けていきたいものです。

〔ラベリング効果への対応例〕
友達のよさは一つだけではないことや，弱点も，リフレーミングすることで見方が変えられることを伝える。

ルールづくり

1月 小・中グループでの ルールづくりアラカルト

✓ グループ活動の振り返り場面を生かしてルールの確認をしよう

🔑 Keyword シェア

中グループ（号車）での認め合い場面を意図的に

　新しい年を迎え，気持ちを切り替えてやる気を感じられる１月。この時期は，新たな気持ちでがんばろうという意識をもったり，12月までに積み残した課題をやり遂げようとする意欲をもったりする節目の時期でもあります。

　子ども一人一人のやる気をしっかり自覚させること，そのやる気をどのように持続させていくかがポイントになります。さらに，小グループや中グループでの活動を通して，自分の存在感や所属感を確認させることが課題になると思います。

　教師の指示や分担で動いていた当番活動を，一人一役のリーダー制に移行することで，責任のある行動や，互いのよさを認め合う場面を意図的に取り上げます。

　○活動の人数枠を意図的に増やすことで，主体的にリーダーとして活動し，集団への帰属意識が高まったかを確認しましょう。

　○当番リーダー会や当番活動作戦会議などの回数を増やすことで，一人一人の自覚を促すことも有効です。

「当番活動」でのよいところを見つけよう

教　師　先週から，掃除や給食の当番活動で"友達のよいところ探し"をしてもらいました。今日は号車（7〜8人程度の中グループ）ごとにお互いに気づいた相手のよさを紹介してもらいます。

子ども　A君は，お掃除リーダーのときに，けがをしているDさんが重いバケツを持たないように自分から働いていたのがすごいです。

子ども　ありがとう。リーダーは大変だけどすごくうれしいです。またがんばります。

子ども　そういえばA君に助けてもらってうれしかったなぁ……。今度は自分がお掃除リーダーになったら，別の友達にもしてあげたいなぁ〜。

子ども　Cさんは給食当番で優しく指示をしていたので，仲良く協力して早く終わらせることができました。ありがとう。

○当番的な活動では，振り返りをもとに，互いのよさを見つけることで，リーダーやメンバーの一員として達成感を感じることができます。

○中グループは，かかわりが広がるので，多くのメンバーから他者評価を受け，様々な気づきが得やすくなります。

1月　ルールづくり

Point　カウンセリングの視点（シェア）の効果

　子どもたちに振り返りをするように言うと，相手のよくないことを指摘しがちです。ルールを尊重しすぎると，相手のよくない点のほうが見えてしまうからです。

　振り返りをする際に，感情の言葉を付け足して言うことを"シェア"と言います。特にうれしかったことや感謝の気持ちを伝え合うことで「おかげさま」の関係ができやすくなります。

1月 ちょっとかしこい 「たのみかためいじん」になろう

✓ アサーショントレーニングをグループごとに体験させてみよう
Keyword シナリオロールプレイ　アサーションスキル

グループ体験を生かしたリレーションづくり

「たのみかためいじん」になろう

ねらい　友達と上手にかかわるためには，相手に自分の気持ちをわかりやすく伝えるスキルを身に付け，自分もよく相手もよい関係を意図的に醸成することが大切であると気づくことができる。

問題の意識化

(1)　ふだんの生活の中で「人に頼む際に起こるトラブル」は何かを振り返る。

(2)　最近起きたけんかやトラブルなどのうち，頼み方が一方的だったり，自分勝手だったりして伝えたいことがうまく伝わらないために起きたことを取り上げて確認する。

場面設定

　ドラえもんの登場人物（のび太君役…自信がなく，はっきり気持ちが伝わらない感じ。ジャイアン役…ちょっと乱暴で，一方的に自分の気持ちを伝えようとする。しずかちゃん役…主張的で明るくさわやかな感じで，混ぜたくなる）になりきって，「遊びに混ぜてほしいとき」を班ごとにシナリオロールプレイする。

〔状況設定のシナリオ例〕
　Aさんたち数人が楽しそうに遊んでいる。Bさんは，その楽しそうな遊びに入れてほしいと思って近寄って話しかける。そのときに「○○の役」になりきって仲間に混ぜてほしいと頼んでみる。

(1)　班ごとにそれぞれの役になりきってロールプレイする。(Bさん役…1人が3人の言い方をする，Aさんたち…2人，観察者1人)
(2)　ロールプレイの様子から，気づいたことや感じたことを振り返り，ポイントになりそうなことを班の中で確認させる。

振り返り

(1)　3人の役になりきったロールプレイから，相手に頼みやすく伝えるにはどのようにしたらよいか，気づいたこと，感じたことを振り返り発表する。
　※言ってみて，聞いてみて（ロールプレイした人），観察して（ロールプレイを見ていた人）。多くの場合，しずかちゃん風に，主張的で明るくさわやかな感じで頼むと，混ぜたくなることを確認する。
(2)　出されたことをもとに，自分だったらどのように気を付けたいかを自己決定する。

◤「頼み方名人」を目指して

(1)　振り返り(自己決定したこと)をもとに，「わかりやすく伝える」ためのポイントを全員で確認し，ペアになってロールプレイする。
　※しずかちゃん役のように主張的に相手に気持ちを伝える方法のポイントを確かめて行う。「相手も尊重しながらも自分の気持ちをわかりやすく伝えるスキル」に結びつけていくとよい。
(2)　「頼み方名人」になるためのポイントをもとに，いろいろな友達とペアになって頼んでみる。

ユニバーサルデザイン

1月 様々な場での配慮・援助

✓ 様々な場での配慮・援助がトラブルの予防になる

Keyword 配慮，援助

様々な合理的配慮

授業中における配慮

　子どもに限らず，誰でもほめられることはうれしいものです。授業に入る前に，支援の必要な子どもが答えられそうな質問を考えておき，1時間に一度は発言できるようにしたいものです。

　また，しっかりできているときに，タイミングよくほめることも大切です。できて当たり前だと思われるようなことでも，その子どもにとっては努力が必要なこともあります。ほんの少しのがんばりをすかさずほめる，その積み重ねが子どものやる気や自己肯定感を育てることにつながります。

【授業の際のほめ方のポイント】

①最初はみんなの前でほめる

②その子どもに近づき，小さな声でほめる

③がんばりを認められているとわかるように，目で合図してほめる

④授業終了後にさりげなくほめる

⑤下校の際に今日のがんばりをほめる

当番活動や係活動などにおける配慮

　社会性やコミュニケーションに課題のある子は，掃除当番や給食当番，日直の仕事などの決められたルールの中で行う活動において，自分のすべきことがわからずに結果として役割を果たせず，周りから注意や非難を浴びていることがあります。そういう子どもには，どの子にも役割がわかりやすい当番表や手順表の工夫をするとともに，個別に教えるなどの支援も必要です。

　学級の中で自分の役割をもつこと，そしてそれをやり遂げることにより，子どもは満足感や自信を得られます。また，その子どもができるような役割を意図的に用意し，ほめる機会をつくっていくなどの配慮も行いたいものです。

遊びの場を円滑に過ごすための配慮

　社会性やコミュニケーションに課題のある子は，友達と一緒に遊びたいと思っているのに，ルールや声のかけ方がわからなかったり，遊びの中でのコミュニケーションがうまくとれずに困っていたりする場合があります。

　一見，教室内で一人でいることが好きなように見える子どもであっても，友達と一緒に楽しく遊びたいという願いをもっている子が多くいます。遊び方がわからなかったり，誘い方や混ぜてもらう頼み方がわからなかったり，一緒に遊ぶことができる種類が少ないことが原因ではないでしょうか。

　子どもたちは，遊びを通して，ルールの守り方や助け合って活動する心地よさ，思いやりのある言動など多くのことを学びます。

【遊びの場を想定したトラブル回避のポイント】
①遊びのやり方やルールを個別に確認する。
②遊びのルールをもとに数人で遊ぶ機会をもつ。
③遊びの場面でのトラブル場面を想定して，そのトレーニングをする。

トラブル解決（集団）

2月 「協力」の仕方を学ぶ掃除当番

✓ 「協力」の仕方を意識のずれから学ぼう
Keyword 掃除当番のトラブル解決に向けて

「協力」の仕方を意識のずれから学ぶ

ねらい　友達との"協力"についてできているときとそうでないときの場面を確認し，なぜ協力できないかを振り返り，意識のずれを修正する方法をみんなで考えて実践意欲をもつことができる。

活　動

問題の意識化

(1)　ふだんの生活の中で「友達と協力できないことで起こるトラブル」があることを振り返る（例：係活動や集会活動は協力できるが掃除当番はできない等）。

〔掃除当番でのエピソードの例〕

①いつも遅れてくる。②ほうきばかりやろうとして雑巾の担当をやりたがらない。等

(2)　掃除当番のリーダーBとメンバーA，C，Dになって「掃除当番」をテーマにシナリオロールプレイする。

〔状況設定のシナリオ例〕

　Aさんは，いつも掃除のときに遅れてくる。たまりかねたリーダーの
Bさんは，「いい加減にしろ，もう掃除はしなくていいから見ていて」
と言って突然怒り出した。

A（掃除に遅れてくる）…掃除の途中でトイレに行かないように，先に
　トイレに行ってから掃除を始めたい

B（リーダー役）…全員がそろってから掃除をしっかりやらせたい

C（メンバー①）…リーダーの気持ちに共感している

D（メンバー②）…A・B二人の気持ちを知っている

⑶　ロールプレイの様子から，気づいたことや感じたことを発表する（ロー
　ルプレイして，ロールプレイを見て）。

振り返り 解決方法の自己決定

⑴　掃除当番でのトラブル場面のロールプレイから，Bリーダー役の立場
　で，相手にわかりやすく気持ちを伝えるにはどのようにしたらよいかとい
　う視点で，気づいたこと，感じたことを振り返り発表する。

　（例①しかって守らせる。②そのまま黙っている。③理由を聞いて，みん
　なでよい方法を選ばせる。④先生に相談する。）

⑵　出されたことをもとに，自分だったらどのように断るかを自己決定する。

活　動 決定に基づき努力をする

　振り返り（自己決定したこと）をもとに，「自分もよく相手もよい解決の
方法」を確認し，ロールプレイする。

※基本的には③の方法で主張的に相手に気持ちを伝える方法がよいことを確
　認する。学年の実態や発達課題等により，「相手も尊重しながらも自分の
　気持ちをわかりやすく伝えるスキル」に結びつけていくとよい。

トラブル解決（個別）

2月 「嫌な気持ちの伝え方」ゲーム

✓ 嫌な気持ちを引き出すやり方を学ぼう

🔑 Keyword スケーリングクエスチョン（風船にすると…）

スケーリングクエスチョン（数量化）を使って

　2月。間もなく1年間のしめくくりの時期です。子どもたちは，生活科や学級活動などで学校生活を振り返り，得意になったことの発表会や楽しかった思い出を確かめる集会などを通して，自分や友達の成長を実感できる時期です。

　この時期は，特定の仲良しの友達やグループができるなど，様々な人間関係が醸成されてくる時期でもあります。反面，相手が嫌がることを意識せずにしてしまうことで不快な気持ちを与えてしまい，陰湿ないじめやトラブルになるケースも見られます。

　低学年のいじめの解決には原因を追究するよりも，その場・その時点での感情を理解させて不快な気持ちを実感させることで，解決の糸口を見つけることができます。

　いじめる側にいじめたという意識がない場合も多いため，自分が行った言動で，相手がどのように不快な気持ちになったかを理解させることで，いじめが良くないことであるという意識をもたせるとともに，いじめの抑止力につなげていきたいものです。

「嫌な気持ちはどのぐらい…？」

教　師　いじめはいけないとわかっているのに，まだ時々いじめられたと言う人がいます。されたときの気持ちを確かめてみましょう。

①嫌な気持ちを，量感をもって表す（風船に例えると）

教　師　Ａさんはいじめられたと言っていましたが，どのようなときにいじめられたと思いましたか？

Ａさん　昼休みにおにごっこに混ぜてもらおうと思ったら，他の人は混ぜてもらえたのに私は混ぜてもらえませんでした。

教　師　そのときの嫌な気持ちは風船にするとどのぐらいの大きさですか？重さはありますか？

Ａさん　サッカーのボールより大きくて（両手で抱えるぐらい），すいかよりも重いです。

教　師　みなさんはその嫌な気持ちがわかりますか？

②嫌な気持ちを，距離感や向きをもって表す（椅子を使って）

教　師　Ｂ君はいじめられたと言っていましたが，どのようなときにいじめられたと思い，どのように感じましたか？

Ｂ　君　仲良しのＣ君たちは何度やめてと言ってもぼくのことを「ちび・デブ」と言うので悲しくなります。（Ｃ君には笑っているから大丈夫と思われている）

教　師　そのときの嫌な気持ちを椅子で表してみましょう。椅子を置く向きや長さも考えておいてね。

Ｂ　君　いつもは仲良しだからくっついているけど，いじわるを言われたときは，すごく嫌な気持ちで，椅子は教室の端から端まで離して，相手の椅子はひっくり返して逆さまにしたいくらいです。

教　師　そんなに怒りたくなるような気持ちなんだね。みなさんはその嫌な気持ちがわかりますか？

2月 ユニバーサルデザイン 「心のメモリで伝えよう」エクササイズ

✓ 自分の気持ちを表現しにくい子への援助に活用しよう
🔑 Keyword 量感のある心情理解

自分の気持ちを表現しにくい子へのアプローチ

　2月は，一年間共に過ごしてきた友達と，多少もめ事やトラブルがあったとしても，解決したり解消したりした経験をさせて，すっきりした気持ちや安心感をもたせて進級につなげていきたいものです。

　そのポイントは，「自分の気持ちをわかってくれる教師や友達がいること」です。中間反抗期を迎えてイライラや不満を抱えやすい子どもたちには適切な援助が必要になります。

　この時期の学級づくり（ユニバーサルデザイン）で気を付けるとよいことには，感情や心情の表現が苦手な子にどのように気持ちを表現させることができるかということがあります。手軽にできる心情理解の例を紹介します。

心のエネルギーミニエクササイズ「心のメモリ」

▶ インストラクション

教　師　みなさんが友達と遊んでいるときに嫌な気持ちが伝わりやすいようなやり方を紹介します。

〔やり方の手順〕
①その場で使えるメモリ（例：指5本，指10本等）を決める。
②メモリを使って，不快な気持ちがいくつ分か伝える。

③やめてほしいという意思表示をする。

▨ インタビュー形式のエピソード例（くつ隠しの例）

教　師　A君がくつを隠されて，悲しい気持ちでいっぱいです。今はどんな
　　　　気持ちなのか先生が聞いてみます。
　　　　A君，今はどんな気持ちですか？

A　君　すごく嫌な気持ちです。

教　師　すごく嫌というのはどのように嫌なのか言えますか？

A　君　すごく嫌です。くつを隠した相手に怒っています。

教　師　もし，5本指で嫌な気持ちを表すとしたらいくつ分ですか。

A　君　くつを隠されたのはとても嫌なので怒っています。そのようにされ
　　　　ることがすごく悲しくて，いじめられた気持ちになります。だから
　　　　5本とも全部にします。もうやめてほしいです。

▨ 教師とA君のやりとりを振り返って

子ども　指で気持ちのメモリを表すのは，すごく嫌な気持ちになることがわ
　　　　かるので，仲よしの友達がけんかしたときにも使ってみたいです。

> **Point**
> ○指のメモリは様々な感情を共通して表すことができるので，いざとい
> 　うときに役立つ。くつ隠しの例のように，つらさや悲しさを表現しに
> 　くい子の場合はインタビュー方式でやりとりをすると抵抗なく答えら
> 　れる。
> ○低学年の子どもは，興奮してうまく自分の気持ちを伝えられない場合
> 　も多いので，例を示して感情表現をさせてみると納得して解決しやす
> 　い。

2月 苦戦する子についての相談に答えるために知っておくこと

✓ 今後の特別支援教育のあり方について知っておこう

Keyword 「定義と判断基準等」

　低学年の2月頃になると，保護者からの面談の希望や相談事が増えます。

　その多くが，我が子の学習の遅れや心身の発達の遅れであったり，生活の乱れであったりします。

　私たち教師が保護者からの質問に答えたり，一緒に考えたりしてアドバイスできるものもありますが，関係機関や医療機関になどにつないだりする必要があるものもあります。よって，子どもの特性に合ったアドバイスの仕方や概要を知った上で，適切な判断ができるようにしたいものです。

　次ページの項目は文部科学省資料「今後の特別支援教育の在り方について（最終報告）」の中の「定義と判断基準等」によるものです。学級担任としてグレーゾーンの子どもたちの目安になる資料です。後半資料には実態把握の部分もありますので，チェックして保護者からの相談に活用してみましょう。

　実態把握のための観点としては，次のチェック項目が挙げられています。

①知的発達の状況

②行動上の気付き

③コミュニケーションや言葉遣いにおける気付き

④対人関係における気付き

「学校における実態把握のための観点」

《基本方針》

・学校における実態把握については，担任教員等の気付きを促すことを目的とすることが重要である。

・障害種別を判断するためではなく，行動面や対人関係において特別な教育的支援の必要性を判断するための観点であることを認識する必要がある。

・学校では，校内委員会を設置し，同委員会において，担任等の気付きや該当児童生徒に見られる様々な活動の実態を整理し，専門家チームで活用できるようにすることが求められる。

・専門家チームでは，このような学校における実態把握をも含めて，総合的に判断をすることになる。

《留意事項》

・ADHD や高機能自閉症等，障害の医学的診断は医師が行うものであるが，教員や保護者は，学校生活や家庭生活の中での状態を把握する必要がある。

・授業や学校生活において，実際に見られる様々な特徴を把握できるような観点を設定する必要がある。

・高機能自閉症等の一部には，行動としては現れにくい児童生徒の内面的な困難さもあることに留意する必要がある。

・授業等における担任の気付きを，注意集中困難，多動性，衝動性，対人関係，言葉の発達，興味・関心などの観点から，その状態や頻度について整理し，校内委員会に報告する。

3月 「さようならのはなたば」ゲーム

✓ 感謝の気持ちを伝えよう
Keyword エンカウンター

今までの感謝の気持ちを伝えよう

　子ども一人一人が生かされる，望ましい学級集団を醸成するための低学年の指導ポイントとしては次のことが挙げられます。

① 活動の目標をつくり，その目標について全員が共通の理解をもっていること。
② 活動の目標を達成するための方法や手段などを全員で考え，話し合い，それを協力して実践できること。
③ 一人一人が役割を分担し，その役割を全員が共通に理解し，自分の役割や責任を果たすとともに，活動の目標について振り返り，生かすことができること。
④ 一人一人の自発的な思いや願いが尊重され，互いの心理的な結び付きが強いこと。

　これらをしっかり振り返らせて進級させたいものです。

エクササイズ：「さようならのはなたば」

　リレーションづくりのミニゲームとして，一年間の活動をもとに，ありがとうの気持ちを「ことばのプレゼント」として伝える「さようならのはなたば　低学年バージョン」を紹介します。

ねらい　【自己理解】進級を前に学校生活を振り返り，友達がしてくれたことに感謝の気持ちを表す。「花束台紙」に寄せ書きのように書き，相手にプレゼントすることで，感謝の気持ちを表す。

準備　花束台紙・筆記用具

ミニゲームの流れ

インストラクション

・一年間友達と活動して，ありがとうの気持ちを感じたり，楽しかったりした思い出などを伝える。

・各自机の上に花束台紙に記名し，置いておく。最も一緒に活動してきた級友にメッセージやコメントを書く。

・自席に戻って，他の友達が書いてくれたメッセージを黙って読む。

エクササイズ

(1)　花束台紙に記名し，机の上に広げる。

(2)　実際にあったエピソードや思い出話を書いた後に，感謝の気持ちを伝えるように書く。

　※誰にも書いてもらえない子が出ないように，「最初に同じグループのメンバーに書こう」「同じ係活動をした人に書こう」のようにお題を出すとよい。

(3)　自席に戻り，書いてもらったメッセージを黙って読む。

振り返り

・個人ごとに振り返りをする。

・全体の前で気づいたこと・感じたことを発表したい人がいたらする。

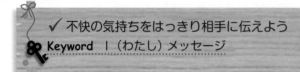

相手の気持ちを考えながら伝えよう

教　師　みなさんは，嫌なことやわかってほしいことがあるときには，どのようにしてすっきり気分にしていますか。

子ども　嫌な気持ちを相手の人にはっきり言います。

子ども　ぼくもはっきり言うけど，友達とけんかになってしまうときもある。

教　師　自分が思っていることを相手の人にもわかるように言葉にして伝えることが大切なのですね。どんな言い方だとわかりやすいでしょうか。嫌な気持ちを伝えたい相手の人のことも考えて，遠慮しないで自分の伝えたいことをはっきり伝える練習をお隣の友達としてみましょう。

①いつものやり方でやってみる

Bさん　A君，いつも私の筆箱を勝手に開けるのやめてと言っているのに，どうしてやめてくれないの……。今度やったら先生に言うからね。

A　君　Bさんすごく怒っているなぁ……。こわいぐらい。でも，なんか嫌な言われ方だなぁ。どうしてかな？

②やってみて振り返る

A　君　嫌な気持ちはわかったのだけど，叱られたみたいでした。

Bさん　お願いするように自分の気持ちを相手の人に言うのは難しかったです。

「I（わたし）メッセージ」で伝えよう

教師 どんなに仲良しの友達でも，言い方によっては，納得できないことがありますよね。「あなたは～」と言うよりも，「わたしは～」という言い方の方が気持ちが伝わりやすいようです。4人組になって2つの言い方で練習してみましょう。

> 「あなたは，また勝手に筆箱開けるのやめてくれない。おじいちゃんに買ってもらった大切なものなの。いやだからやめて！」

> 「この筆箱はおじいちゃんに買ってもらった大切なものなの，わたしは勝手に見られたくないから，開けるのやめて」

子ども 同じ言葉なんだけど，「わたしは～」のほうが頼まれたように聞こえるので，もうやめようかなという気持ちになれたよ。「あなたは～」と言われると，責めて言われているように感じるんだよね。

子ども ごめんねと思っても，「あなたは～」だとなんかすっきりしないなぁ。「わたしは～」だと，悪かったなあと思うなぁ……。

Point 嫌な気持ちを伝えるポイント

①相手の目を見てはっきりと　　②自分の気持ちを言う

③「理由」を言う　　　　　　　④お願いするつもりで言う

○嫌な気持ちのときに，はっきり伝えるとけんかやトラブルになることがあるのでアイメッセージで伝えることが大切であることに気づく。

3月 「いろいろな悩み」解決ロールプレイ

- ✓ いろいろな悩みを解決しよう
- 🔑 Keyword　不安や不満の解消

トラブルになりがちな時期の心構え

　2月は，評価や振り返りの時期として校内がなんとなく慌ただしい時期です。低学年の子どもたちは，どちらかというと“卒業”などに積極的にかかわる立場になりにくいこともあり，室内で共に過ごす場面も多くなり，トラブルになってしまう場合が多いです。

　対人関係のトラブルの解決には，教師が仲介して事実を確認し，互いに謝罪させてしまうことだけでは解決にならないことが多々あります。低学年は，解決すべき問題を明確化して解決策をできるだけたくさん考えたり，結果を予想し，解決策を決めたりする等，失敗から学ぶ姿勢を生かした学級づくりをしたいものです。

いろいろな悩みや不安を解決したいときのロールプレイ

ねらい　トラブルがあることを前提に，問題を解決してよりよい人間関係を築くことが大切であることに気づいたり，解決策を考えることに焦点を当てたりして，具体的な解決の手順を学ぶ。

活動の流れ

問題の意識化

(1)　「最近の生活」を振り返るアンケートから，トラブルが起きたときに，

自分と相手との意識の違いがあることに気づく。

(2)　トラブル解決に向けての手順を考える。

　①今解決しなければならない問題をはっきりさせる。

　②解決策をできるだけ多く考える。

　③解決策を自己決定し，順番（手順のランキング）を決めて実行する。

エクササイズ

(1)　トラブルを想定した場面のエピソードを読み，解決したいことの問題を
はっきりさせるために，自分にとって「何が問題か」「どうしたいのか」
を考える。

　〔トラブル場面の例とねらい〕

　①友達が自分に憤慨していること。②自分には思い当たる理由がない。③
悪い雰囲気になっているのでいつも通りの関係に戻って仲良くなりたい。

(2)　どのような解決策があるかを考え，思いついた解決策をカードに記入す
る。

　※一枚のカードに一つのアイディア。黒板に分類して貼り，キーワードを
つける。

(3)　一つ一つについて結果を予想し，解決策を選定し，ランキングする。

(4)　シナリオ（状況設定）をもとに，代表の子がロールプレイする。

(5)　ロールプレイを見ての感想を話し合い，自分の普段の仕方と比較し，ど
のような解決策がよいかを自己決定し，場面を想定してグループごとにロ
ールプレイで体験する。

(6)　再現したことの中から，自分もよく，みんなもよい対応の仕方はどれか
を話し合い，ポイントを確かめる。

3月　トラブル解決（個別）

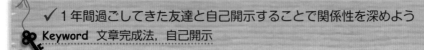

カウンセリング

3月 「わたしは○○です」 文章完成法で自己開示

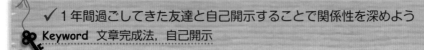

✓ 1年間過ごしてきた友達と自己開示することで関係性を深めよう

Keyword 文章完成法，自己開示

　1年間共に過ごしてきた友達の特徴や特性を振り返り，進級前に同じクラスでよかったことを確認するエクササイズを行いましょう。自己開示を行うエクササイズがおすすめです。

「わたしは○○です」ゲーム

ねらい　共に過ごしてきた友達に自己開示することで，自分の個性に誇りをもち，自分のよいところを認め，自分を肯定する気持ちを育てる。

身に付く力　自己肯定感・他者理解

ミニゲームのやり方

(1)　教師がワークシートの書き方や手順を説明する。

・これから「わたしは○○です」というミニゲームをします。友達に自分のことを紹介したいことがたくさんあると思いますが，特に知らせたいことを5つだけ選んでワークシートに書き，これが誰のものかを当てるクイズにしたいと思います。

(2)　教師が自己開示の手本としてデモンストレーションをする。

・わたしはバレーボールが好きです。わたしは毎日校庭でおにごっこをして遊ぶのが好きです。わたしは転んでけがをして救急車に……。

(3)　ワークシートに書く。

〔ワークシートに書く内容〕

①今年１年で「できるようになったこと」

②自分の「好きなことやもの，苦手なことやもの」

③１年間の思い出で好きなもの（季節・色・果物・お菓子等）

※書く内容が自分に合っていれば，たとえ別の友達と同じ内容であっても
　よいことを伝える。

※「ちょっと苦手なもの」のように内面に迫るものだと自己開示しやすく
　なることを伝える。

(4)　クイズ形式で誰のものかを当てる。

(5)　やり終えたら，どのような気持ちかをお互いに振り返る。

Point 自己肯定感・他者理解促進への効果

○低学年の頃は，たとえ１年間共に過ごしたとしても，積極的に自己開
　示できる子と，主張するのが苦手な子がいる。全員同時に楽しく自己
　開示することで，不安なく主張することができる。

○自分と共通することや違うことを確認することで，自他理解を促進
　し，仲良く過ごしたことを共有することができる。

3月 カウンセリング

参考・引用文献一覧

- 國分康孝監修『現代カウンセリング事典』金子書房，2001年
- 菅野純『教師の心のスイッチ　心のエネルギーを補給するために』ほんの森出版，2009年
- 國分康孝監修，八巻寛治他編『エンカウンターで学級が変わるショートエクササイズ集』図書文化，1999年
- 國分康孝監修，八巻寛治他編『エンカウンターで学級が変わるショートエクササイズ集 part 2』図書文化，2001年
- 石隈利紀『学校心理学』誠信書房，1999年
- 八巻寛治『心ほぐしの学級ミニゲーム集』小学館，2006年
- 八巻寛治『心ほぐしの学級ミニゲーム part 2　みんながなかよくなれる学級ゲーム』小学館，2009年
- 八巻寛治『エンカウンターの心ほぐしゲーム』小学館，2012年
- 八巻寛治『やまかん流カウンセリング技法活用シリーズ 1　学級保護者会・懇談会の演出スキル』明治図書，2008年
- 八巻寛治『やまかん流カウンセリング技法活用シリーズ 2　社会的スキルを育てるミニエクササイズ基礎基本30 コミュニケーションスキルを高めるために』明治図書，2009年
- 國分康孝他監修，八巻寛治他編『育てるカウンセリングによる教室課題対応全書 5　いじめ』図書文化，2003年
- 田村節子『親と子が幸せになる「XとYの法則」』ほんの森出版，2007年
- 「一人一人が輝く確かな学級経営を目指して」釧路教育研究センター研究紀要第175号
- 「平成24年度 若年教員研修のしおり　子どもと生きる」高知県教育センター
- 河村茂雄『学級づくりのためのQ-U入門』図書文化，2006年
- 「温かい学級づくりのために（Q-U活用リーフレット）」高知県心の教育センター
- 「人権が尊重された学校づくりのためのチェックリスト（学習指導）」高知県教育委員会
- 河村茂雄『学級集団づくりのゼロ段階』図書文化，2012年

・菅野純『教師のためのカウンセリングワークブック』金子書房，2001年

・「不登校チェックリスト」高知県心の教育センター

・嶋﨑政男『「脱いじめ」への処方箋』ぎょうせい，2013年

・久我直人『優れた教師の省察力』ふくろう出版，2012年

・高山恵子編，松久真実・米田和子『発達障害の子どもとあったかクラスづくり』
明治図書，2009年

・黒川伊保子「ＡＩ研究者が語る　男女別 脳のトリセツ」『小五教育技術』2018年
4月号，小学館

・『学級経営ハンドブック　「夢」・「志」を育む学級づくり（小学校編）』高知県教育
委員会

・河村茂雄・藤村一夫編『授業スキル　学級集団に応じる授業の構成と展開　小学
校編』図書文化，2004年

・河村茂雄・藤村一夫・粕谷貴志・武蔵由佳・ＮＰＯ日本教育カウンセラー協会企
画・編集『Ｑ－Ｕによる学級経営スーパーバイズ・ガイド　小学校編』図書文化，
2004年

・藤村一夫「学級づくりと授業力―学級状態の理解の方法と状態に合った授業―」
『指導と評価』2006年2月号，図書文化

・「アンガーマネージメント・プログラム　スタートブック」滋賀県総合教育センター

・本田恵子『キレやすい子の理解と対応　学校でのアンガーマネージメント・プロ
グラム』ほんの森出版，2002年

・滋賀ライフスキル学習研究会編『すぐに使える！ライフスキル学習プログラム
（中学校）』

・高橋久『12歳からのエゴグラム　学校で生きぬくための心理学』ぺんぎん書房，
2004年

・『授業のＵＤ化モデル（2012年度版）』授業のユニバーサルデザイン研究会

あとがき

　私はこれまで公立の小学校教諭や講師として38年間，銀行員として３年半，嘱託社会教育主事として25年間活動してきました。その間，全国の学校，研究会，教育委員会，セミナー，PTA講演会などで500回を超える研修会や講座を担当させていただきました。学級づくりや他者とのかかわり方が主なものですが，基本的には“人間関係”にかかわるものが多かったです。

　そこでよく質問されるのが「なぜあのバブルの頃に銀行員を辞めて，給料の安い教員になろうとしたのですか？」ということです。

　自分にとっては「思春期の気の迷い」から偶然にも銀行員になり，銀行員でいる時の自己啓発研修から，自分のやりがいを感じる“子どもとふれ合う仕事”に気持ちが向いたからと説明していました。

　しかし，教師を定年退職し，今は，「その時，その時の自分と向き合い，最高の自分探しを続けてきたから」だと思うようになりました。そのような拙い自分の経験や体験を，書籍や研修会の場でお伝えできたことはこの上ない喜びです。

　自分にとっての“転機”は，2011年に起きた東日本大震災です。それまでの自分の価値観や役割意識を大きく変えることになりました。「地元の人が苦しんでいるのに本などを出版して目立っていいのか」という思いが強くなり，「落ち着くまで出版はお断りしよう」と心に決めました。

　その後，熊本や大阪，東海地区などの地域を中心に“震災後の心のケア”をお伝えしていましたが，それぞれの会場で「ぜひ本が読みたい」「先生の技術を学びたい」との声をたくさんいただき，10年近くの時を経て，今回の出版の運びとなりました。

"オーラがない"は最高のほめ言葉

　研修会やセミナーの後に，感想やメッセージを頂戴することがあります。それらを年代別に自分なりにキーワードにしてみると，30代は「やる気と情熱」，40代は「技術とスキル」，50代は「納得と活用」，そして最近は「柔和な一般化」のようです。

　最近，ある研修会の後に「…いい意味で，これまでお会いした講師の方々と比べて，オーラがない。柔らかい雰囲気でお話する様子に…」というメッセージをいただきました。

　筆者がこれまで取り組んできたものでは，特別活動の実践技術やカウンセリング理論や技法，エンカウンター，心ほぐしミニゲームなど，一見スキル的なイメージの手法やハウツーのようなことなどを発信してきました。私自身は難しいことでも一般化したり，短時間で手軽に取り組めるショートやミニにしたりしていこうと思って実践してきたことです。

　その意味で，60代になって初めて"オーラがない"と評されたことは，私にとって最高のほめ言葉をいただいたと感じています。

　本書は「やまかんメソッドでつくる最高の教室」というフレーズを付けました。低・中・高学年全てのページを筆者1人で書きました。前述のように，カウンセリングや心理効果のある取り組みをできるだけ一般化したつもりです。皆さんが困ったときの参考書としてぜひご活用いただけたらと思います。

　本書が，全国の子どもたちや保護者，何より先生ご自身の笑顔につながればと思います。

　2020年1月

八巻　寛治

【著者紹介】

八巻　寛治（やまき　かんじ）

元宮城県仙台市立小学校教諭。社会教育主事，宮城県教育カウンセラー協会副代表。上級教育カウンセラー，学級経営スーパーバイザー（Q-U等），ガイダンスカウンセラー，特別支援コーディネーター。

学級への適応指導の重要性を再認識し，いじめ・不登校・学級の荒れを予防するエンカウンターや，課題解決に向けたシナリオ（枠）を設けたロールプレイを取り入れた開発的な教育カウンセリングの研究や実践，荒れたクラスの立て直し等を目指して取り組んでいる。

月刊誌・新聞における連載のほか，著書を多数執筆。書籍累計販売数は約38万部にのぼる。

【著書】

『心ほぐしの学級ミニゲーム集』（小学館）

『構成的グループエンカウンター・ミニエクササイズ56選　小学校版』（明治図書）

『小学校学級づくり　構成的グループエンカウンターエクササイズ50選』（明治図書）

『エンカウンターで学級づくり12か月　フレッシュ版』小学校低学年・中学年・高学年（明治図書）

ほか，著書・編著多数。

八巻寛治　365日の学級づくり　低学年編
やまかんメソッドでつくる最高の教室

2020年3月初版第1刷刊　Ⓒ著　者　八　巻　寛　治
　　　　　　　　　　　発行者　藤　原　光　政
　　　　　　　　　　　発行所　明治図書出版株式会社
　　　　　　　　　　　　　　　http://www.meijitosho.co.jp
　　　　　　　　　　　（企画）及川　誠（校正）西浦実夏
　　　　　　　　　　　〒114-0023　東京都北区滝野川7-46-1
　　　　　　　　　　　振替00160-5-151318　電話03(5907)6703
　　　　　　　　　　　ご注文窓口　電話03(5907)6668

＊検印省略　　　　　　　組版所　株式会社木元省美堂

本書の無断コピーは，著作権・出版権にふれます。ご注意ください。

Printed in Japan
ISBN978-4-18-352118-7
もれなくクーポンがもらえる！読者アンケートはこちらから

マンガでわかる『学び合い』
子どもに読ませたい教育書

西川 純 監修　野口 大樹 著

実話に基づく5話の
ストーリーマンガで
『学び合い』を紹介！

「子どもの幸せのため
に何が出来る？」「一
人も見捨てない授業な
んて実現できるの？」
そんな疑問に応える
『学び合い』入門マン
ガ。今，話題の『学び
合い』について，実話
に基づく5話のストー
リーマンガで，その
エッセンスやポイント
をわかりやすく解説し
ました。

A5判　128頁
本体 1,600 円＋税
図書番号　3797

学級を最高のチームにする！
365 DAY TEXTBOOK
365日の教科書　学級経営

赤坂 真二・岡田 広示 編著

スペシャリスト直伝！
1年間365日の最高の
学級づくり仕事術

「学級を最高のチーム
にする！365日の集
団づくり」シリーズの
執筆陣による1年間
365日の学級づくり
仕事術。子ども理解か
ら学級のルールづく
り，学校行事から授業
づくりと評価，保護者
対応まで。学級づくり
スペシャリストによる
成功のノウハウが満載
の1冊です。

A5判　168頁
本体 2,000 円＋税
図書番号　3415

WHYとHOWでよくわかる！
不登校　困った時の対応術 40

千葉 孝司 著

「この場面ではこう
しよう！場面別でよくわかる
不登校対応術

教師が本気で不登校に
取り組もうとする時に，
「困った！」という場面
に必ず遭遇します。本
書では，不登校対応で
の困った場面別に，W
HY（なぜそうなった
か）とHOW（どのよ
うにすればよいか）の
視点から，具体的な対
応をまとめました。場
面別の会話例も入れた
必携の1冊です。

A5判　176頁
本体 2,000 円＋税
図書番号　2948

保護者対応
すきまスキル 70

小学校 低学年
小学校 高学年
中学校

堀 裕嗣 他編著

保護者との信頼関係を
築く！安心につなげる
微細スキル70

保護者対応でつまずく
要因は，ちょっとした
ボタンの掛け違いで
す。保護者会や電話連
絡，家庭訪問やクレー
ム対応などポイント
を70の項目に分け，
「ハード編」として直
接的なコミュニケー
ションを，「ソフト編」
として環境調整など保
護者に寄り添う対応を
紹介しました。

四六判　160頁
本体 1,800 円＋税
図書番号 4741〜4743

明治図書　携帯・スマートフォンからは **明治図書 ONLINE へ** 書籍の検索，注文ができます。▶ ▶ ▶

http://www.meijitosho.co.jp
＊併記4桁の図書番号（英数字）でHP，携帯での検索・注文が簡単に行えます。

〒114-0023　東京都北区滝野川7-46-1　ご注文窓口　TEL 03-5907-6668　FAX 050-3156-2790

特別支援教育 すきまスキル

小学校下学年編
小学校上学年・中学校編

青山 新吾・堀 裕嗣 編

温かな支援を生む！
「個と集団」を意識した
指導スキル

「個と集団のバランス」を意識した特別支援教育を！小学校～中学校で見られる「困った場面」での対応法を，その背景要因から読み解き，「集団への指導スキル」と「個別の支援スキル」に分けてわかりやすくまとめました。"つまずき"を解消する具体的な事例・ヒントが満載の1冊です。

四六判　176頁
本体 1,700円＋税
図書番号 2846, 2847

学級経営サポートBOOKS

アドラー心理学で変わる 学級経営

勇気づけのクラスづくり

赤坂 真二 著

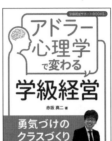

勇気づけの
クラスづくりで
学級が変わる！
学級経営バイブル

教師にとって有用なアドラー心理学の視点で，学級経営に役立つ情報をまとめた学級経営バイブル。学級づくりの基礎に始まり，子どもの見方，不適切な行動への対応，気になる子への支援，子どもへの勇気づけ，荒れたクラスの再生まで。役立つ情報をぎゅっとまとめました。

A5判　224頁
本体 2,200円＋税
図書番号 2746

資質・能力 を育てる 問題解決型 学級経営

赤坂 真二 著

やる気を成果に
結びつける！曖昧さと決別
する学級経営

なぜ，あなたのやる気が成果に結びつかないのか。曖昧さと決別する「問題解決型」学級経営。子どもたちの未来を切り拓く資質や問題解決能力は，日々の学級経営の中でこそ身に付けることができる。学校現場の，リアルな学級づくりの課題から考える辛口の学級経営論。

A5判　200頁
本体 2,000円＋税
図書番号 1388

最高の学級づくり パーフェクトガイド

指導力のある教師が知っていること

赤坂 真二 著

1ランク上のクラスへ！
最高の学級づくり
バイブル

最高の学級づくりを実現するパーフェクトガイドブック。学級開きから学級目標やルールづくり，気になる子や思春期の子の指導，学級のまとまりを生む集団づくりの必勝パターン，いじめ対応からALまで。章ごとの「チャレンジチェック」でポイントもよくわかる必携の書。

A5判　216頁
本体 2,000円＋税
図書番号 1695

明治図書　携帯・スマートフォンからは　**明治図書 ONLINE へ**　書籍の検索，注文ができます。　▶ ▶ ▶

http://www.meijitosho.co.jp　＊併記4桁の図書番号（英数字）でHP，携帯での検索・注文が簡単に行えます。

〒114-0023　東京都北区滝野川7-46-1　ご注文窓口　TEL 03-5907-6668　FAX 050-3156-2790

学級経営サポートBOOKS

1ミリの変化が指導を変える！
学級&授業づくり成功のコツ

大前 暁政 著

この一手で学級も授業もこんなに変わる！変化を生む指導のコツ

学級づくりや授業がうまくいかない先生へ，ちょっと先輩からのミラクルアドバイス。学級で子どものやる気を引き出す条件から，子どもをスマートに率いる5原則，授業を変える「ある意識」から，子どもが授業に食いつく演出アラカルトまで。ピンチをチャンスに変える「この一手」。

Ａ５判 128頁
本体 1,760円＋税
図書番号 2030

学級経営サポートBOOKS

「小1担任」
パーフェクトガイド

浅野 英樹 著

小1プロブレムなんて怖くない！小1担任の365日必携ガイド

小学1年生は，ワクワクと不安でいっぱい。そんな子どもたちを温かく照らす，小1担任の1年間パーフェクトガイド。入学式前準備からルール指導，学級システム20づくりや行事指導，子どもとのコミュニケーションから保護者対応まで。学校生活の土台を築く必携の1冊です。

Ａ５判 192頁
本体 2,100円＋税
図書番号 1652

学級経営サポートBOOKS

ワンランク上の子ども見取り術
学級の荒れを防ぐキーポイント

成瀬 仁 著

子どものサインには意味がある！荒れを防ぐ子ども見取り術

教師に見せる姿はその子のすべて？いいえ，違います。学級担任は子どものサインをしっかり見取り，「次の一手」を打っていく必要があります。それが"学級の荒れ"を防ぐ第一歩だからです。登校時に，授業中に，給食時に，休み時間に。1ランク上の見取り術を徹底解説。

Ａ５判 144頁
本体 1,660円＋税
図書番号 2420

WHYとHOWでよくわかる！
いじめ 困った時の指導法 40

千葉 孝司 著

「この場面ではこうしよう！」場面別でよくわかるいじめ対応術

教師が本気でいじめに取り組もうとする時，「困った！」という場面に必ず遭遇します。本書では，いじめ対応での困った場面別に，WHY（なぜそうなったか）とHOW（どのようにすればよいか）の視点から，具体的な対応をまとめました。場面別の会話例も入れた必携の1冊です。

Ａ５判 176頁
本体 2,000円＋税
図書番号 1448

明治図書

携帯・スマートフォンからは **明治図書 ONLINE へ** 書籍の検索，注文ができます。 ▶ ▶ ▶

http://www.meijitosho.co.jp
※併記4桁の図書番号（英数字）でHP，携帯での検索・注文が簡単に行えます。
〒114-0023 東京都北区滝野川7-46-1 ご注文窓口 TEL 03-5907-6668 FAX 050-3156-2790

道徳授業改革シリーズ

宇野弘恵の道徳授業づくり
生き方を考える！
✦心に響く✦
道徳授業

あなたの授業が革命的に変わる！宇野流「女性視点」の道徳づくり

宇野弘恵 著

子どもたちの「心に響く」道徳授業とは？当たり前のことをなぞるのではなく、生きるとは何か、人間とは何かを問い続ける道徳教材づくりが、子どもに力を育みます。女性ならではの視点でつくる、宇野弘恵流の道徳授業づくりがぎゅっと詰まった1冊です。

A5判　144頁
本体価 2000円＋税
図書番号　2985

道徳授業改革シリーズ

堀 裕嗣の道徳授業づくり
道徳授業で
✦「深い学び」✦
を創る

あなたの授業が革命的に変わる！堀流「シンクロ」道徳授業づくり

堀 裕嗣 著

子どもたちに機能する「本気」の道徳授業づくりとは？教科書教材で多面的・多角的に考える「ソロ」授業から、教科書教材と自主教材による"縦のコラボ""横のコラボ"でつくる「シンクロ道徳」までを、徹底解説。堀裕嗣流の道徳授業づくりがぎゅっと詰まった1冊です。

A5判　168頁
本体価 2060円＋税
図書番号　2986

ピンチをチャンスに変える！学級立て直しマニュアル

学級経営サポートBOOKS

子どもの笑顔を
取り戻す！

むずかしい学級
リカバリーガイド

山田洋一　著

【図書番号2673　A5判・152頁・1,900円＋税】

"学級崩壊"に正面から立ち向かい子どもを救おう！「むずかしい学級」の担任15の心得から、効果10倍の教科指導、効果10倍の生活指導まで。「むずかしい学級」をよみがえらせ、子どもに笑顔を取り戻すために何ができるのか。50のポイントをまとめた必携の1冊です。

明治図書

携帯・スマートフォンからは **明治図書ONLINE へ**　書籍の検索、注文ができます。▶▶▶

http://www.meijitosho.co.jp　＊併記4桁の図書番号（英数字）でHP、携帯での検索・注文が簡単に行えます。

〒114−0023　東京都北区滝野川7−46−1　ご注文窓口　TEL 03−5907−6668　FAX 050−3156−2790

＊価格は全て本体価表示です。

八巻寛治 365日の学級づくり

低学年編
中学年編
高学年編

やまかんメソッドでつくる 最高の教室

八巻 寛治 著

八巻先生直伝！
やまかんメソッドでつくる
最高の教室

学級づくりのスペシャリスト八巻先生が，各学年の1年間365日の学級経営のポイントを徹底解説。子ども理解からルールづくり，トラブル解決からユニバーサルデザイン，保護者対応まで。やまかんメソッドでつくる最高の教室づくりの秘訣を1冊に！

A5判　184〜192頁
本体 1,800 円＋税
図書番号 3521, 3522, 3523

学級経営力向上シリーズ

学級経営大全

赤坂 真二 著

学級経営の6つの柱とは？学級経営力をアップするポイント

学級経営の成功の秘訣とは？「学級経営の基本原則」「気になる行動のメカニズムを理解する」「成功における「常識」を知る」「教科指導で学級経営をする」「いじめ指導に強くなる」「本当に必要なものを育てる」の6つのポイントで解説した学級経営バイブルです。

A5判　176頁
本体 2,000 円＋税
図書番号　3399

新訂2版

特別支援学級 はじめの一歩

坂本 裕 編著

特別支援学級の悩みや疑問をこの1冊で解決する必携バイブル！

ベストセラー『改訂 特別支援学級はじめの一歩』を，2017年版学習指導要領で初めて特別支援学級の教育課程編成規準が示されたことを受け，全項目を全面リニューアル。特別支援学級における悩みや疑問に，最新の法制度や用語にも対応した形で答えた必携バイブルです。

A5判　144頁
本体 1,860 円＋税
図書番号　0502

クラスを最高の笑顔にする！

学級経営365日 困った時の突破術

低学年編
赤坂真二・北森 恵 著
中学年編
赤坂真二・畠山明大 著
高学年編
赤坂真二・岡田順子 著

6月危機と魔の11月も乗り越える！ 1年間の困った時の突破術

「学級に困っていることがある」「学級を良くしたいが，具体的な方法がわからない」そんな2つの願いをかなえる，1年間365日の学級経営，困った時の突破術！学級経営の急所について，Q＆A形式でその予防法・治療法・育成法をわかりやすくまとめた必携の1冊です。

A5判　176頁
本体 1,900 円＋税
図書番号 3421, 3422, 3423

明治図書
携帯・スマートフォンからは **明治図書 ONLINE へ** 書籍の検索，注文ができます。 ▶ ▶ ▶

http://www.meijitosho.co.jp
＊併記4桁の図書番号（英数字）でHP，携帯での検索・注文が簡単に行えます。

〒114-0023　東京都北区滝野川 7-46-1　ご注文窓口　TEL 03-5907-6668　FAX 050-3156-2790